THE LITTLE BOOK OF
LYKKE
―リュッケ―

人生を豊かにする「6つの宝物」

マイク・ヴァイキング

アーヴィン香苗 [訳]

三笠書房

CONTENTS

「宝探し」に出かけよう **2**

幸せをつくるレシピ **16**

TOGETHERNESS──人と共にあること **28**

MONEY──バランスの取れたおつき合い **72**

HEALTH──心も体も満たされる方法 **120**

FREEDOM──「本当に大切なもの」を見つけよう **156**

TRUST──心地いい「サポートの輪」のつくり方 **194**

KINDNESS──だれかを笑顔にするために **232**

「パズルのピース」をはめていく **268**

CHAPTER 1

「宝探し」に
出かけよう

宝物はどこにある？

「サム、その信念ってなんだい？」
「この世には命を懸けて戦うに足る、すばらしいものがあるんです」

　これは、J・R・R・トールキンの『指輪物語』を原作とする映画『ロード・オブ・ザ・リング』の名ゼリフです。ヘミングウェイも同じように、この世はすばらしく、命を懸けて戦うだけの価値があると書きました。

　でも今のご時世、「すばらしいもの」よりも「争い」のほうに目が向きやすくなってしまっています。灰色の空や真っ黒な雨雲には目を奪われやすいものですが、もしかすると、私たちはみな『指輪物語』の勇者サムのように、この世界にある「よいもの」にもっと目を向けるべきなのではないでしょうか。

　私の友人にリタという女性がいます。彼女は、ロシアがまだソビエト連邦だったころのラトビアに住んでいました。
『指輪物語』の邪悪な国モルドールではありませんが、当時のラトビアは恐怖と不信感に満ち、どの家も窓もカーテンで閉ざされ、物資もなく、お互いに疑心暗鬼の目を向けていた時代だったそうです。

　ときたまベトナムからバナナを積んだトラックがやってくるのですが、次にバナナが手に入るのがいつになるのかもわからないので、リタの家族はありったけのお金を持って、一家総出で持てるだけのバナナを買いこんだのだそうです。
　青いバナナは固くて食べられませんから、早く熟すように何日も日の当たらない戸棚にしまいこんでおいたそうです。

　まだ幼かったリタは、世の中には黒と灰色と茶色の3色しかないと思っていたそうです。これはまずいと気づいた父親が、街へ宝探しに連れていってくれました。さまざまな色を探し、世の中にはこんなにもきれいなものやすてきなものがあるんだよ、と教えてくれたのです。

　この本を書いたのも、似たような理由からです。みなさんを宝探しにお連れしたいのです。
　この世の中にあるよいものを見つけ出し、みなさんとともに幸せを広めていきたいと思っています。

　前著『ヒュッゲ 365日「シンプルな幸せ」のつくり方』(三笠書房)では、デンマーク人の日々の幸せの概念を世界のみなさんと共有し、人生のシンプルなよろこびを見つめ直しましょうとお伝えしました。
　この本が出版されてからというもの、世界中からうれしいお手紙を山のように受け取っています。

読者のひとり、サラはイギリスの保育園の先生です。5歳児クラスを受け持っていて、子どもたちのメンタルヘルスや幸福感が学習能力にどのような影響を与えるか、ということにずっと関心を持っているそうです。彼女は、手紙にこう書いてくれました。

「この本を読んで、子どもたちにヒュッゲを教えることに決めました」

　教室に妖精の光を模した電球を飾り、おやつを分け合い、キャンドルをともして読み聞かせタイムを楽しむのだそうです。

「スクリーンにユーチューブで拾った暖炉の映像を流し、より居心地よくしています。長い冬の間、とくにクリスマスが終わるとどんよりした日々が続きますが、こうすることで園児も職員も本当に明るい気分になれますね」

　これぞ、まさに私の仕事の本質です。

　自己紹介が遅れましたが、私はコペンハーゲンの「ハピネス・リサーチ研究所」でCEOを務めています。幸福の度合いを測り、理解し、そして幸福を生み出すことが仕事です。私の研究所では人間の幸せの原因と結果を探求し、世界中の人々の生活の質（quality of life）を高めようと取り組んでいます。

　仕事柄、世界のさまざまな人々と対話する機会を持つことがありますが、彼らの職業は、コペンハーゲンの市長からメキシコの屋台主、インドのタクシー運転手、アラブ首長国連邦の大臣まで、本当にさまざまです。

　彼らから2つのことを学びました。ひとつは、たとえデンマーク人であろうと、メキシコ人、インド人、アラブ人、その他の国籍の人であろうと、まず私たちは人間であるということ。自分たちが思うほどのちがいはないのです。そしてもうひとつは、みんなの願いは一緒だし、夢見ることも一緒だということ——そう、みんな幸せを求めているのです。

　本書のタイトルにある「LYKKE（リュッケ）」は、デンマーク語で「幸せ」という意味です。

「宝探し」に出かけよう　**7**

スペイン語では「Felicidad（フェリシダ）」、ドイツ語では「Glück（グリュック）」、フランス語では「Bonheur（ボヌール）」といいます。呼び方はちがっても、指しているものにちがいはありません。

何年か前、友人たちとイタリアでスキーをしていたときのことです。滑り終えたあとに、山小屋のバルコニーで夕日をながめながらコーヒーを飲んでいました。ふと、だれかが冷蔵庫にピザの残りがあることを思い出しました。私は思わずさけんでしまいました。

「これが幸せってもんじゃない？　僕はそう思うね！」

そう思ったのは私ひとりではありませんでした。
そのときバルコニーには、デンマーク人もインド人もアメリカ人もいました。でも、みんなが同じことを感じていました──３月の暖かくやわらかい日差しを浴び、雪に覆われた美しい山々をながめながら友人と食べ物をわかち合うのは、至福にかぎりなく近いことだと。
別々の大陸に生まれ、異なる文化の中で育ち、異なる言語で教育を受けたにもかかわらず、これが幸せだという同じ感覚をみなが持っていたのです。

より科学的ないい方をすれば、これこそが幸せのデータを使って理解できることなのです。
幸せな人々にはどんな共通項があるのか？　出身がデンマークでもアメリカでもインドでも、幸せに共通点があるのではないか？──私たちはこうした研究を何年も重ねてきました。
100歳まで生きる人たちの共通点は、研究のおかげで、お酒やたばこ、運動、食習慣といったものがすべて寿命に影響することがわかってきていますね。
こういったことと同様に、人生の満足というのは何によって高めることができるのでしょうか。

さあ、みなさんをハピネス・リサーチ研究所へお連れしましょう。幸せの中心地、コペンハーゲンへようこそ。

デンマークは
幸せの超大国？

コペンハーゲン、午後4時。仕事を終え、子どもたちを迎えにいく人々の自転車で、街がにぎわいます。

52週間の給付金つき産休・育休を分け合って取った夫婦が、水辺の道を散歩しています。

港では学生のグループが、美しい海で泳いでいます。学生たちには何も心配することがありません。大学の学費は無料なうえに、毎月590ポンド相当（約8万5000円）が政府から支給されるからです。

デンマークでは何もかもが円滑に進みます——「ほぼ何もかも」と言ったほうがよいかもしれませんね。

あるとき、1本の電車が5分遅れで到着したことがありました。そうしたらなんと、乗客は全員、首相からの謝罪と、「補償としてお好きなデザイナーチェアを差し上げます」という手紙を受け取ったのです。

右ページにあげたのは、ここ10年ほどでデンマークに贈られた賛辞の数々です。これを見ると、デンマークがユートピア（理想郷）のようなところだと思われるのも、無理はありませんね。

世界一幸せな国、
デンマーク

幸せの中心地、
コペンハーゲン

季節を問わず
よろこびにあふれた国、
デンマーク

世界一幸せな場所

またもや世界に認められた
もっとも幸せな国、
デンマーク

「世界幸福度調査」
も太鼓判
——国民にやさしいデンマーク

「宝探し」に出かけよう

まずひとこと、はっきりとお伝えしたいことがあります。私はデンマークが大好きです。幸福の研究者としても、一市民としても。

　7歳くらいの子どもたちが、大人のつき添いなしでも安全に自転車通学していくのを見て、頬がゆるみます。親たちがなんの心配もなく、ベビーカーの中で眠る赤ちゃんをカフェの外に放置しているのを見て、心が温かくなります。コペンハーゲンの港できれいな水の中を泳ぐ人たちを見かけると、幸せな気分になります。

　私にとってはびっくりするようなことではありません。ここは世界でも有数の平和な国です。
　なにしろ無料の国民皆保険制度があり、親の収入に関係なく子どもたちが大学に行けて、小さな女の子でもいつか首相になりたいという夢を持てるのですから。国連による「世界幸福度調査」でつねに上位にランクされるのもうなずけます。

　だからといって、デンマークは完璧な社会なのでしょうか？──答えは「ノー」です。
　では、「デンマークは比較的高レベルの生活の質と幸福を享受できるだけの環境を国民に提供している」ということでしょうか？──その答えは「イエス」です。

　近年の統計では日本は世界でもっとも長寿の国のひとつですが、だからといって日本の人たちがみな、きっかり84歳まで生きるというわけではありません。

「宝探し」に出かけよう　**13**

同様に、デンマークがつねに幸福な国ランキングの上位に入るといっても、このランキングが国民の平均値に基づいたものだという理解が大切です。
　ちなみに、直近の世界幸福度調査によると、10段階の幸福度の基準値で見たときにデンマーク人の平均は 7.5 でした。

　デンマークではいろいろな物事が円滑に進みますが、一方でまったく機能していない部分もあります。

　こういった幸福度ランキングでは、スカンジナビアの国々が上位を占めます。だからといって、デンマーク人やノルウェー人やスウェーデン人が、世界中の幸福を独り占めしているわけではありません。

　デンマーク出身の私が世界の国々を調査してわかったことは、生活の質という面でスカンジナビア諸国から学ぶことはたくさんあるけれど、ほかの国の人々からも、幸せについて学び取ることは十分可能だということです。

じつは、幸せのカギは世界中に埋もれています。

世界幸福度調査をじっくり読むと、最上位の国と最下位の国は4つの項目において大きな差があり、その差の大部分は6つの要素によって説明することができます。その6つの要素とは、「一体感（自分の居場所）」「お金」「健康」「自由」「信頼」、そして「親切」です。

本書では、この6つの要素をテーマに、それらがなぜ私たちの幸福感に影響を与えるのかを探ります。世界の人々の例から学び、私たちひとりひとりがより幸せになれる方法を見つけ出していきましょう。

一方で、世界の幸福格差の80パーセントは、ひとつの国の中に存在していることがわかっています。

言い換えれば、デンマーク人のなかでも本当に幸せな人もいれば、じつに不幸な人もいるということなのです。アフリカのトーゴ人にも、幸せな人も不幸な人もいるわけです。

ですから、その国の政策を見ることも重要ですが、個々人の行動や人生観は、また別の問題だといえるでしょう。

では、世界中の幸せな人たちには、どんな共通点があるのでしょうか？　世界の国々から、幸せについてどんなことを学び取っていけばよいでしょうか？　私たちが幸せになるためには、どんな行動を取るべきでしょうか？

本書ではそういった問いかけに答えようと試みます。これは、世界中のもっとも幸せな人々の秘密を探り、この世にある「よいもの」を見つける旅です。

さあ、宝探しの始まりです！

CHAPTER 2

幸せをつくる
レシピ

「幸せ」は測れるか

2016年11月9日未明。滞在していたホテルの非常ベルが鳴ったため、私は朝5時に叩き起こされました。このときは複数のインタビューを受けるためにパリの中心部へ来ていたのですが、折しもパリの同時多発テロから1年が経とうかという時期でした。

ホテルのロビーに出ると、白いバスローブをはおった宿泊客が、眠たげな目をして集まってきました。5時半には安全が確認されましたが、私は再び眠りにつくことができませんでした。アドレナリンが体中をかけめぐっていたうえ、時差が7時間のアジア圏から戻ってきたばかりで、体内時計が狂っていたからです。

仕方がないから仕事でもしようかと思い、ノートパソコンを出そうとスーツケースを開けたら……。なんと買ったばかりのノートパソコンを飛行機に置き忘れてきてしまったことに気づいたのです！（みなさんも座席の前のポケットはきちんと確認しましょうね）

情けないやら腹が立つやら、どっと疲れが出て、自分に愛想が尽きました。何かよいニュースでもないのか……。そうだ、そろそろアメリカの大統領選の開票がすんでいるころだな。アメリカ初の女性大統領が誕生し、勝利のスピーチをするのを見れば、気が晴れるかもしれない。そう思ってテレビをつけました。

結果はみなさんご存じのとおり。私の期待は無惨に裏切られました。

その日は8本のインタビューを受けることになっていました。彼らはこんな質問をしてくるでしょう。
「幸福の研究をされているんですよね？　ところで、ヴァイキングさんご自身はどれくらい幸せだとお感じですか？」

　さて、こんな日に私はどう答えればよいのでしょうか？　そもそも、人間の感情を定量的に測ることは可能なのでしょうか？

　幸福度の測り方として世界中で何十年も使われてきたのは、簡単にいえばこういう方法です。
　たとえば、むかし仲がよかったふたりが、長い年月を経て再会したとします。「元気？」とひとりがたずねます。「年収が4万800ユーロなの」ともうひとりが答えます……。こんな会話はありえません。
　でも、幸福度を測るのに、このようなやり方がずっと用いられてきたのです。確かにお金は大事ですが、それが幸せにつながるたったひとつの要素ではないはずです。

　しかし残念なことに、つい最近まで幸せはこうやって計測されてきました。「収入」を「幸福」や「福祉」、「生活の質」に置き換え、1人当たりの国内総生産（GDP）をその国の進歩の指標として用いてきたのです。なぜなら、収入は客観的に数値化することができるから。
　でも、幸福はもっと主観的なものです。

幸せをつくるレシピ

ハピネス・リサーチ研究所が幸福の度合いを測ろうと試みていると知って、人々がよくたずねてくるのは、次のような質問です。

▌「幸せは主観的なものなのに、どうやって測るんですか？」

　そう、確かに幸せは主観的です。そうであるべきなのです。でも、そこがポイントではありません。
　私が研究の中で重要視しているのは、「その人が自分の人生をどう思っているか」ということ。幸せかどうかということは、自分自身がいちばんわかるはずです。その人がどう感じているかが、私たちの新しい指標です。

　そして、その人がなぜそう感じるのかを理解しようと試みています。たとえお隣さんが、あなたよりも大きな家に住み、高級車を持ち、完璧な配偶者と結婚していたとしても、あなたが「自分は幸せだなあ」と感じていれば、いい人生を送っているにちがいありません。それが私たちの指標です。

主観的な指標を使った作業はむずかしいですが、不可能ではないと思っています。ストレスや不安、憂うつといった主観的な現象に対して、つねにそうした手法が取られています。つまるところ、個人個人が自分の人生をどうとらえているかを分析したいのです。

　幸せは、その人によって異なる意味合いを持ちます。あなたが何をもって幸せと感じるかは、私の視点とはたぶん異なるでしょう。

　たとえば、国の経済がどうなっているかを見たければ、GDP や経済成長率、金利、失業率などの指標に分けて考えることができますが、幸福についても同じことがいえます。

　幸福というのは、さまざまな要素から成り立っている複雑な概念です。ですから細かく分けてみて、ていねいにそれぞれの部分を見ていけばよいのです。

　あのパリの朝のことに話を戻しますね。私はどれだけ幸せだったでしょうか？

　思い返せば、私はノートパソコンを置き忘れた自分に腹が立っていましたし、疲れてもいました。多くのアメリカ人がこれから 4 年間、いやな目にあうのではないかと、気が滅入るようでもありました。

　アルプスで日当たりのよいバルコニーに腰を下ろし、友人たちとおしゃべりしながらピザの残りを食べたときを思うと、雲泥の差です。

　ですがその一方で、出版した本のプロモーション・ツアーの最中でもあり、世界の人々の前で話をする機会を得ていたので、総じて見れば自分の人生に満足を感じていたと思います。瞬間的には不幸でしたが、全体的には幸福だったといえるかもしれません。

幸せをつくるレシピ　**21**

人生を「長い目」で見る

　幸せについて研究するうえで、まず知っていただきたいのは、「今この瞬間の幸せ」と、「全体的に見た幸せ」を区別することです。私たちの研究所では、前者を「感情的側面」、後者を「認知的側面」と呼んでいます。

　感情的側面は、人々が日常的に一瞬一瞬経験する感情を指します。昨日をふりかえってみたとき、落ちこんだり、悲しかったり、不安になったり、クヨクヨしていたかどうか。あるいは、笑いはあったか、幸せを感じたか、愛されていると感じたか。

　一方、認知的側面を考えるときは、一歩下がって大きく人生そのものを見つめなければなりません。自分の人生全体にどれだけ満足しているか。全体的に見てどれだけ幸せか。最高の人生と最低の人生を考えてみたとき、自分は今どのあたりにいると思うか。

　ある人にとって、最高の人生は名声や富がともなうものかもしれません。またある人にとっては、できるだけ家にいて、子どもをホームスクールで教育することが最高の人生かもしれません。
　私に言わせれば、どちらも同じくらいまっとうな夢です。幸福を評価するカギとなる情報は、その人の夢が何で、その人が夢にどれだけ近づいていると感じているか、それしだいなのです。

　当然のことながら感情的側面と認知的側面はつながりを持っており、ある程度重複する部分もあります。毎日がポジティブな感情に満たされていれば、その人はおそらく、全体的な人生の満足度においても高いレベルにいると考えられます。

しかし、感情的側面と認知的側面はイコールではありません。ときに最悪の気分で朝を迎えたとしても、全体的に見ればすばらしい人生だということはありえます。

さて、もうひとつ。

幸せには第3の側面があります。それは「ユーダイモニア」といいます。古代ギリシャの哲学者アリストテレスの幸福論に基づいた言葉で、古代ギリシャ語で「幸福」を表します。アリストテレスは、「よい人生とは有意義で目的のある人生だ」と考えました。

本書では主に、全体的な幸福を見ていきます。認知的な側面、つまり「すばらしい人生を送っていると感じている人たち」に焦点を当てることにします。

ハピネス・リサーチ研究所が理想とするのは、研究対象となる人々への長期の追跡調査です。追跡といってもストーカー行為をするのではなく、科学的にその人たちを追うのです。

たくさんの人々を長期にわたって観察し、彼らの人生における変化がその人の幸福にどんな影響を与えるのかを見ていきます。

1万人を追跡調査したとしたら、次の10年間に何か大きな変化がひとりひとりに起こるにちがいありません。それは、その人の幸せの度合いにも影響を与えます。

恋に落ちる人もいれば、恋の終わりを迎える人もいるでしょう。仕事で昇格する人も、職を失う人もいるでしょう。

今後の10年間には最高のときも最低のときも必ずやってきますし、勝利も敗北も絶対に味わいます。そして、少なくともひとりのボンクラな科学者が、飛行機にノートパソコンを置き忘れたりするのです。

問題は、そうした人生の状況を変えるような出来事や変化が、幸福にどう影響を与えるかということなのです。

結婚したり、収入が倍になったり、田舎に引っ越したりすることが人々の人生にどのような影響をもたらすのでしょうか。

幸せをつくるレシピ　**25**

2013〜2017年における世界幸福度調査の複合平均値

1位	2位	3位
デンマーク	スイス	ノルウェー
7.57	**7.56**	**7.55**

幸福度評価の平均 （0〜10点）

アイスランド 7.48

フィンランド 7.41

カナダ 7.4

オランダ 7.4

スウェーデン 7.35

オーストラリア 7.3

ニュージーランド 7.28

イスラエル 7.26

オーストリア 7.17

コスタリカ 7.16

アメリカ 7.07

プエルトリコ 7.03

アイルランド 6.97

ルクセンブルク 6.93

ベルギー 6.93

メキシコ 6.9

ブラジル 6.85

オマーン 6.85

ドイツ 6.84

アラブ首長国連邦 6.81

イギリス 6.79

パナマ 6.77

シンガポール 6.66

チリ 6.65

これは簡単な話ではありません。

たとえば、もし田舎に住む人は都会に住む人より幸せだという観察がなされた場合、そのなかでも何が原因となり、何が影響するのかが、つねに明確なわけではありません。

都会へ移り住んだ人たちの満足度がより低いのは、もしかすると都会のせいではなく、その人の性格によるのかもしれません。都会に惹かれ、そこへ移り住んだ人はより野心的なのかもしれず、野心的であることの裏返しとして、現状にいつも不満を抱きがちなのかもしれません。

理想をいえば、（DNA が同一である）一卵性双生児で実験するのがいちばんです。出生時にふたりを引き離し、ひとりは都会で、もうひとりは田舎で一生を過ごし、ふたりのあいだにどんなちがいが生まれるかを観察する……もちろん、そんな非人道的な実験はできませんが。

要するに、幸せの研究には私たちにコントロールできないことが多く、落とし穴があちこちに開いているということなのです。ですが、開き直って「できません」と言ってしまうと、幸せの研究という学問は永遠に進歩しないでしょう。

腕組みをしてひじかけ椅子にふんぞり返り、「できないものはできないんだよ」と主張する人は、いつの時代にもいます。彼らのなかから、新大陸を発見する人や月面着陸を成功させる人があらわれることは、けっしてなかったでしょう。

私には大きな可能性が見えます。幸福への道筋を理解し、自分の行動をほんの少しずつ変えていくことで、人生を向上させることができる。私はそう信じて疑いません。「千里の道も一歩から」と言うではありませんか！

幸せをつくるレシピ　**27**

CHAPTER 3

TOGETHERNESS
人と共にあること

遠い夏の思い出

　毎年のように山小屋で夏を過ごした子ども時代。山小屋の向かいに広がる原っぱには、背の高い草が生えていて、私たち兄弟は、緑のふとんのような草をかき分けてトンネルをつくり、日がな一日、遊んだものでした。

　6月は草刈りの季節。刈り取った草は干し草にして大きな直方体に固められ、真夏の日差しの下でゆっくりと黄色くなっていきます。幼い私は、この直方体は巨大なレゴのブロックで、北欧神話の巨人の神様が置き忘れたのだと信じていました。

　夏至の夜には、この原っぱでたき火がたかれます。この季節の北欧の太陽は、夜遅くまで沈みません。
　夏至祭は、私がいちばん好きな伝統行事のひとつ。デンマーク人はヴァイキングの直系の子孫なので、たき火やキャンドル、ときには村まで燃やして炎を楽しむ民族なのです。

　草むらに裸足で立っていたあの夏の日の夜。たき火で顔はほてり、手には焼きたてのパンをにぎり、肩には両親の手が置かれていました。
　そのときの私が幸せとは何かをわかっていたわけではありませんが、のちに自分の人生を懸けて研究したいと思える何かを、そこで感じ取ったことはまちがいありません。

　連帯感や帰属意識、自分の居場所などというものを、幼心に感じていたことは確かです——ここが自分の帰る場所なのだ、と。

「食べ物と炎」が人々の心をひとつにする力は、国や文化を超えて、ほぼ普遍的です。そしてときには、キャンドルを灯すだけで、夕食のテーブルに一体感をつくり出すことができるのです。

　ジャニックというカナダ人のジャーナリストはこう言います。

「ヒュッゲの本を読んだあと、キャンドルホルダーをふたつ買ってきて、夕食の時間にキャンドルを灯すようにしたんです」

　ジャニックには妻と3人の息子がいます。18歳の双子と、その下が15歳だそうです。

「最初は、息子たちに『え、何？　ロマンチックじゃん！　ふたりっきりにしてあげようか？』なんて言われました。慣れるまでに少し時間がかかりましたが、そのうちに息子たちがすすんでキャンドルを灯してくれるようになったんです」

「でも、もっと大切なのは、夕食が以前より15分か20分長くなったこと。キャンドルのおかげで会話が増えました。食べ物を急いで口に押しこんでおしまいじゃなく、ゆっくり飲み物を飲みながら、息子たちがその日にあったことを話してくれるんですよ」

　ただ食べるだけの時間から、家族団らんの時間に変わったのですね。

　食べ物をわかち合うことは、体に栄養を与える以上の意味を持っています。いろいろな言語からも、その名残をうかがうことができます。

英語の companion（コンパニオン）、スペイン語の compañero（コンパニェーロ）、フランス語の copain（コーパン）は「仲間」をさす単語です。どれもルーツはラテン語の com（コム）と panis（パニス）で、もともとは「パンをわかち合う人々」という意味でした。

夕食のテーブルを囲むときに「食べ物と炎の習慣」を始めると、いろいろなことがわかってきます。

　よい暮らしは、「つながること」と「目的を持つこと」で築かれるということ。豊かさは、預金の残高のみならず、絆の強さ、愛する人の健康、感謝の気持ちによって測られるということ。

　そして幸福は、他人より大きな車を手に入れることではなく、自分が何か大きなもの（コミュニティ）に属して、みなが一体となって生きていると実感することで得られるといえます。

　私たちハピネス・リサーチ研究所の研究からも、国連の世界幸福度調査からも明らかになっていることがあります。

　それは、世界でもっとも幸せな国々は、どこも強い連帯感を持っているということ。そして、もっとも幸せな人々には、必要なときに頼れるだれかがいるということです。

　ある調査によると、デンマーク人は友だちや家族と会う頻度が高く、失敗したときや落ちこんだときに友人が自分を助けてくれると信じる人が多いという結果が出ました。

　この事実は、デンマークが世界でもトップレベルの幸福な国であることと無関係ではありません。

**「必要なときには友人が助けてくれると信じている」
と答えた人の割合**

ニュージーランド 98.6%	チェコ 90.3%
アイスランド 95.7%	エストニア 90.2%
デンマーク 95.5%	アメリカ 90.1%
スペイン 95.5%	ブラジル 90.0%
アイルランド 95.3%	南アフリカ 89.5%
オーストラリア 95.1%	フランス 89.4%
フィンランド 94.2%	スロベニア 88.9%
カナダ 93.9%	ベルギー 88.4%
スイス 93.5%	オランダ 87.9%
イギリス 93.4%	ポーランド 86.3%
ルクセンブルク 93.4%	イスラエル 85.7%
ノルウェー 93.1%	ポルトガル 85.1%
オーストリア 92.5%	ラトビア 84.2%
スウェーデン 92.3%	トルコ 83.6%
ドイツ 92.3%	ギリシャ 83.4%
スロバキア 92.2%	チリ 82.5%
日本 91.0%	ハンガリー 82.2%
ロシア 90.7%	韓国 75.8%
イタリア 90.7%	メキシコ 75.3%

出典：OECDによる2016年度「よりよい暮らし指標（BLI）」

TOGETHERNESS ——人と共にあること

幸せのヒント フランス人の食べ方をまねよう

　食事の時間をきちんととりましょう。友人や家族、同僚とテーブルにつき、ゆっくりと食べ物を味わい、一緒にいることを楽しみましょう。

「デザートはいかがでしょうか」
「結構です。でも食後にコーヒーをいただきますね。アメリカンコーヒーを」

　パリで講演を終えたあと、午後がまるまる空いていたので、オルセー美術館に近い小さなレストランで昼食をとりました。
「パリにいらっしゃるのに、デザートなしのうえにアメリカンコーヒーを注文なさるとは、なかなか勇気のあるお方ですな」と、ウェイターは笑みを浮かべて答えました。

　フランスでは食べ物はとても重要な意味を持ちます。それがもっとも顕著なのは、おそらく公立学校でしょう。
　生徒たちには3コースの給食が提供されます。たとえばスターターにサラダ、メインディッシュには仔牛のマリネ焼きにマッシュルームとブロッコリー添え、そしてデザートはアップルタルトといった具合です。もちろん、チーズとパンも添えて。
　テーブルには布製のナプキンと本物の銀食器が準備され、食べ物と同様、食にまつわる習慣も大切なのだと教わります。当然、ゆったり席に座り、じっくり落ち着いて食べるのがマナーです。

　フランス人はだれかと一緒に食事をとるのがふつうです。フランス人が毎日の食事にもっとも時間を割く国民だというのも、それが理由かもしれません。
　そして、国民全体が3コースの食事を取り、食事にもっとも時間を費やしているにもかかわらず、フランスはいまだにヨーロッパでもっとも肥満率が低い国のひとつなのです。

「テレビを見ながら食事をすると食べる量が増える」というデー

タもあります。『米臨床栄養学会誌』に発表されたリバプール大学の研究によると、なんと25パーセントも増えるのだとか。フランス人に肥満が少ないのは、そのせいかもしれません。

　ほとんどの国には、1日に果物や野菜をどのくらいとるべきかという政府の栄養基準が設けられていますが、フランスではこの基準の中に「だれかと一緒に食べること」という項目が入っています。
　私たちもぜひ取り入れたい習慣ですね！

よりよい暮らしを目指して

デンマークをはじめとする北欧諸国がいつも幸福度ランキングのトップにくるのはなぜでしょうか。過去5年間に1,000人以上の人々と対話をし、よく聞かれるのが、「デンマーク人は世界一高い税金を払っているのに、どうしてあんなに幸せなのですか」ということ。

確かにデンマークは、税金の高さでは世界でもトップレベルです。デンマークの平均年収は約3万9,000ユーロ（約500万円）で、支払う所得税は平均で約45パーセント。年間所得が6万1,500ユーロ（約770万円）を超えるとさらに税率が高くなり、じつに52パーセントにもなります。

しかしながら、私が思うに、デンマーク人は税金が高いにもかかわらず幸せなのではなく、税金が高いからこそ幸せなのです。

2014年に行なわれた世論調査によると、デンマークに住む人たちの10人中9人が「よろこんで税金を払う」と答えています。それは、「必要なときに助けを得られる」という安心感からきています。

北欧の国々では、よい暮らしと公共の利益のつながりを理解することが、よい結果を生んでいます。私たちは税金を払っているのではなく、生活の質をお金で買っているのです。自分たちのコミュニティに投資をしている感覚です。

**デンマークに住む人たちは、
10人中9人が「よろこんで税金を払う」と答えています**

　デンマーク語でコミュニティを表す単語は Fællesskab（フェーレスケーブ）といいます。この単語は、「共通の」とか「共有した」という意味の fælles と、「戸棚」または「つくる」という意味の skab の2つに分けられます。
　コミュニティは「私たち共通の戸棚」——つまりみんなの生活必需品であるだけでなく、共につくり上げるものでもあるのです。

　ちなみに、デンマーク人は複合語が大好きです。気候が寒いからでしょうか、いくつも単語をくっつけたがります。
　たとえば Råstofproduktionsopgørelsesskemaudfyldningsvejledning（ロストフプロダクションオプレルセスキーマウドフィルドニングスヴァイレドニング）という単語。これは、「原材料の生産についてのアンケートに記入する際のマニュアル」を意味します。

　そんなわけで、デンマークでは単語を並べて点数を競うゲーム「スクラブル」が究極のスポーツと見なされ、手首を傷める原因の第1位にまでなっています（！）。

TOGETHERNESS ——人と共にあること　39

話を戻しましょう。

デンマーク語・文学協会出版のデンマーク語辞典には、Fællesskab
に関連した単語が 70 個も載っています。

よく使われるのは、次のような単語です。

Bofællesskab（ボーフェーレスケーブ）
コ・ハウジング（共同住宅）計画

Fællesgrav（フェーレスクラウ）
共同墓地

Fællesskabsfølelse（フェーレスケーブスフルス）
連帯感

Fællesøkonomi（フェーレスオコノミ）
共有経済。たとえばカップルが連名で銀行口座を持つこと

Skæbnefællesskab（スケーブネフェーレスケーブ）
共にする運命のこと

Fællesskøn（フェーレスコン）
共性
世界には名詞が男性名詞と女性名詞に分かれている言語が多く存
在しますが、デンマーク語の名詞には中性名詞と共性名詞があり
ます。いうなれば両性具有の名詞ですね。

「コ・ハウジング(共同住宅)」
という選択肢

共有の庭を丸く取り囲むように家々が並んでいます。今は6月。さわやかな青い空が広がり、庭には子どもたちの遊ぶ声がにぎやかに響いています。どの家庭も出入りは自由。子どもたちは、家を出たり入ったりして走り回っています。

ここの子どもたちは、男の子も女の子も、「自由」と「安全」という珍しい組み合わせの中で育っていきます。

芝生でクッブ（Kubb）に興じる子どもたちもいます。クッブとは、木の棒を投げてほかの木の棒に当てるゲームで、ヴァイキングの時代に生まれたともいわれています。

犬が1匹、興味津々でそのようすを見ています。大人たちと一緒にキャンプファイヤーを囲む子どもたちもいます。

「お、来たな！　風来坊のミッケル！」

ひとりの男性が大声を出し、私たちにほほ笑みかけてきました。彼はここの住人のひとりで、私の友人ミッケルとは旧知の仲です。

ミッケルはこの一角で育ちました。彼は今、コペンハーゲンに住んでいますが、昨年の夏に私を自分の実家へ連れていってくれたのです。

家の横に車は駐められません。駐車場はこの住宅地のはずれにあるので、40メートルほどは歩かなければなりません。ミッケルの実家へたどり着くには、共有の庭を横切っていきます。

これは、たまたまそうなっているのではなく、そのように意図してつくられているのです。このエリア全体が、住人同士の交流や会話をうながすようにデザインされているわけです。

TOGETHERNESS ── 人と共にあること

ここは Fælleshaven（フェーレスハウン）と呼ばれる住宅地――そう、これも複合語。fælles は「共有の」、haven は「庭」を意味します。

デンマークで生まれ、スカンジナビアやその他の地域にも急速に広がっている住居スタイルに、Bofællesskab（ボーフェレスケーブ）というものがあります。bo は「暮らす」、Fællesskab は「コミュニティ」、Bofællesskab で「コ・ハウジング（共同住宅）計画」（訳注：コレクティブハウジングとも呼ばれる）という意味です。

発案したのは、当時の暮らしぶりに不満を持っていた人々です。そのひとりがボーディル・グラーエという女性で、デンマークのある大手新聞に「子どもたちは 100 人の親を持つべき」という論考を投稿し、「共感した人は連絡してほしい」と書き添えました。
　多くの反響があり、それから 5 年後の 1972 年には、初のコ・ハウジングとなる「Bofællesskab Sættedammen（ボーフェレスケーブ・セッテダーメン）」がコペンハーゲン北部のヒレレズという町に完成しました。27 戸の個宅と広い共用室から成る共同住宅です。

この共同住宅は今も残っていて、70 人の住民が住んでいます。「空き家ができたら買い取りたい」という人も多く、空き待ちリストがあるとか。
　デンマークでは約 5 万人がこうしたコ・ハウジングに住んでおり、その人気はますます高まっています。
　友人のミッケルが少年期を過ごしたフェーレスハウンも、何百とあるデンマークのコ・ハウジングのひとつ。そこには 16 家族が住んでおり、子どもは合わせて 20 人います。

コ・ハウジングでは住人同士の交流がさかんですが、同時にプライバシーもしっかり確保できます。
　各家族にはそれぞれの家があり、キッチンなどひととおりの設備がそろっています。そして、それぞれの家の中央に共有スペースがつくられています。
　共有スペースには庭と広い共有キッチン、ダイニングエリアが設けられています。

月曜から木曜までは、複数の家族による食事会が開かれます。参加は自由で、通常、こういった食事会には 30 〜 40 人が集まります。
　1 食当たりのコストは大人で 20 クローネ（320 円）程度、子どもはその半額です。コペンハーゲンではカフェラテが 1 杯 40 クローネ（640 円）もすることを考えると、これは相当安いといえます。

　食事会の魅力は値段の安さだけではありません。とくに小さい子どもがいる家族にとっては、買い物や夕飯の支度の時間をやりくりする必要がなくなるというメリットがあります。その代わりに子どもたちの宿題を手伝ったり、クップをして遊んだり、キャンプファイヤーの上手な組み立て方を教えたりできます。

　住人は約半年ごとに 1 週間、調理担当チームに参加します。大きい子どもたちも、手伝うことで料理を学んでいきます。調理担当のシフトは調理から片付けまでおよそ 3 時間。もちろんその間に、みんなと座って夕食を食べ、食後のコーヒーも楽しみます。担当でない日は、くつろぎながら食事の合図のベルが鳴るのを待つだけ！

　ダイニングエリアとキャンプファイヤーのほかに、共有の菜園と遊び場、広場、アートスタジオ、ワークショップ、それにゲストルームも完備。お客さんがたくさん来て個宅に収まりきらないときには、このゲストルームを使うことができます。

子どもたちは遊び相手にこと欠きません。ベビーシッターを雇う必要もありません。ある夫婦が映画を見にいきたいと思ったら、庭の向こうの友だちの家へ子どもたちを送り出せばよいのです。

　デンマーク統計局によれば、コ・ハウジングの数は過去6年間で20パーセントも増えたそうです。とくに子育て世代や、社会的に孤立しがちな高齢者にとって、コ・ハウジングは大きな魅力です。

　数年前、デンマークの文化人類学者、マックス・ペデルセンが高齢者向けコ・ハウジングについて調査を行ない、「コ・ハウジング計画が成功していることは、データや証言から明らかである」という結論にいたりました。
　データによると、98パーセントが「コミュニティの中にいて安心だ」と感じており、95パーセントが「現在の生活状況に満足している」と答えました。
　ただ、私がもっとも興味深いと思ったデータは、70パーセントの人が「近所に友だちが4人以上いる」と答えていたことです。

　みなさんはどうですか？　ご近所さんの名前を知っていますか？　その人たちを友だちと呼べますか？

ご近所さんのうち、何人を友だちと呼べますか？

0-1人　　2-3人　　4-6人　　7人以上

コ・ハウジングに住むデンマーク人が友だちと呼べる隣人の数

出典：マックス・ペダーセン「偉大なる実験」, 2013

コ・ハウジング計画の人気は今や世界中で急上昇しており、カナダやオーストラリア、日本でも人気を高めています。ドイツやアメリカ、オランダでは、すでに何百戸も建てられています。

　2014年にイギリスの『ガーディアン』紙は、同国で60以上のコ・ハウジングが計画中だと伝えました。
「UKコ・ハウジング・ネットワーク」のコーディネーターであるジョー・グッディングは、こうした施策を「住人により独自に運営される自主管理コミュニティ」だと説明しています。

　ミッケルが育った住宅地のように、こうしたデザインは住人同士の交流をうながし、「孤独になりたくない」「一般の高齢者住宅には住みたくない」というひとり暮らしの高齢者や、支援のある環境で子育てと仕事を両立させたいと思う人たちを引きつけます。

　私のような幸福の研究者がいうまでもなく、強い連帯感や、より大きな安全・安心感、より近しい友人関係といったことが人々の幸せにいかに影響するかということは、容易に想像できるでしょう。

　当然のことながら、こういった住居形態では、プライバシーと公共性のバランスがとても大事です。万人に受け入れられるものではないかもしれませんが、そのよい部分を取り入れて、新たな環境に適用することは可能だと思います。

　それではここから、ご近所さん同士の連帯感を高めるための具体的な方法をいくつか見ていきましょう。

TOGETHERNESS ── 人と共にあること　**47**

心地いい仲間をつくる
5つの方法

① 名簿をつくる

　ご近所さんを訪ねて、自己紹介をしましょう。恥ずかしくてできない人は、郵便受けに記入用紙を入れて、名前と連絡先を書いてもらいましょう。「水道管が破裂したときなどの緊急時に備えて名簿をつくっている」と説明するといいかもしれません。

　住んでいる人たちをもっとよく知るために、次のような質問票を加えるのもいいでしょう。

留守中に犬や猫の世話をしていただけますか？
（私はOKです！　ときどきワンちゃんの散歩をさせてください）
お気に入りの本は何ですか？
（私は『グレート・ギャツビー』と『武器よさらば』です。どちらがいちばんかでいつも悩みます）
何カ国語を話せますか？
（ふだんは3カ国語です。ワインを1本開ければ5カ国語、朝のコーヒーを飲む前は1カ国語も満足に話せません）

　近所で助け合うためのスキルにも焦点を当てて質問をしましょう。
　パソコンが得意なのはだれ？　車のタイヤ交換ができるのは？　果物のジャムのつくり方を知っている人は？

② 本を貸し借りする場所をつくる

　ご近所さんの間で話のきっかけをつくる方法に「ミニ図書館」があります。簡単な棚を設置して、読み終えた本をみんなで持ち寄ります。

　本を1冊借りたら1冊置いていくしくみ。

　コペンハーゲンにある私の住むマンションでは、郵便受けの上の棚に本を置くことにしました。マンションがアットホームな雰囲気になりますし、どんな本が好まれるのかを見るのも楽しく、ご近所同士の交流も活発になります。
　今、うちのマンションのミニ図書館に置いてあるのは『世界の建築様式』『グレート・ギャツビー』『統計学入門』などです。

③ 「ソフトエッジ」(心地いい空間)を活用する

　私が住む部屋のキッチンの窓からは中庭が見えます。そこにはベンチが置いてあって、私はよくそこで座って読書をします。ベンチからは立派なクリの木が見え、風が木の葉を揺らす音が聞こえてきます。
　このベンチはまた、半プライベートなスペースでもあります。ひとりになれるけれども公共の場でもあって、だれかがあいさつをしてくれたり、通りがかりに何を読んでいるのか聞いてきたりするのです。

　こういった前庭や玄関ポーチのような空間は、「ソフトエッジ」と呼ばれます。ソフトエッジのある通りにはより安心感があり、人々がより長くそこにとどまる傾向がある、という研究結果も出ています。
　ちょっと家の前に出るだけでもオープンな雰囲気を伝えられ、交流のきっかけができます。

　屋外に読書する場を設けたおかげで、上の階にはペーターという人が娘のカトリーヌと住んでいて、その上の階には果物店を営むマジェードがいることを知りました。先日、マジェードと話したときには、20年ぶりに自転車に乗るんだと言っていました。
　おもしろいことに、騒音だとわずらわしく思っていた近所の話し声や生活音も、ひとたび名前や人となりを知ると、まったく気にならなくなるのです。

④ コミュニティ菜園をつくる

　家にソフトエッジがない人は、近所に目を向けましょう。小さなコミュニティ菜園をつくれるような、ちょっとした空き地があるかもしれません。
　コミュニティ菜園は、地域住民の関係を深め、つながりを育む方法として、むかしからよく使われてきたものです。もちろん野菜も育てられます。

つまり、都会にいながら村の雰囲気をつくり出せる、一挙両得のやり方だといえるでしょう。
　加えて、ガーデニングはメンタルヘルスにとてもよい影響を与えるらしい、ということがわかってきました。うつ病を治す特効薬はありませんが、庭いじりは内と外の橋渡しの役割を果たし、文字どおり私たちを明るいところへ連れ出してくれるのです。

　何年か前、ハピネス・リサーチ研究所はデンマークのある市から依頼されて、市民の生活の質を改善するプロジェクトを行ないました。その市では、コミュニティ内に孤独な人たちが多いことが問題になっていたのです。そこで私たちは、共同菜園を何カ所もつくることを提案しました。
　私たち自身もこのアイデアがとても気に入って、自分たちでもやってみることにしました。当時、研究所はとある教会の向かいにありました。教会の敷地に空き地があったので、トラックで土を運んできて、ご近所さんに声をかけ、日曜日の午後を使って畑の畝を20本つくりました。
　そのあとは、もちろんみんなでバーベキュー！

TOGETHERNESS——人と共にあること

⑤「道具の貸し借りシステム」をスタートする

　年にほんの数分しか使わない電動ドリルを、各家庭で1個ずつ備える必要はありません。電動ドリルや金づち、のこぎり、ペンチにドライバー――こうした道具は、使わないうえに場所を取ります。そのうえに草刈り機や除雪機まであると、もう大変……。

　そこで一案。道具の貸し借りシステムをスタートさせましょう！
　これもまた、まわりの人たちと知り合う口実になって一石二鳥です。みんなで道具を共有すると、より多くのリソースを持てるうえにコミュニティ意識も高められます。
　ご近所さん名簿をつくる際に、だれがどんな道具の貸し借りに興味があるか聞いてもいいですし、マンションやアパートの共有スペースに空きがあれば、道具の貸し借りコーナーを設置するのもいいですね。

　壁に板を取りつけ、何本か釘を打って、金づちやドライバーなどの道具を掛けられるようにします。そして、道具の形に沿って線を描きます。足りない道具は、その道具の形をやはり線で描いておきます。そうすると、だれかが「なるほど、のこぎりが足りないのか」と思って、余っているのこぎりを掛けておいてくれるというしくみです。

[ケース・スタディ]
シャニの場合

　シャニは、カナダのギブソンという小さな町で育ちました。彼女は家の前でラズベリーを売って、おこづかいを稼いだそうです。毎朝、学校へ歩く途中には、いつも近所のだれかが手を振ってくれました。玄関のカギをかける必要もない、平和な町だったといいます。

　14歳のとき、シャニは一家でオーストラリアに引っ越しました。やがて彼女は教員免許を取り、遊牧民のように国から国へ、町から町へと、ギブソンにいるときのような人間関係を求めて移り住むようになります。

　シャニはパートナーのティムと共に、ハルバート・ストリートという、32軒の家が並ぶ閑静な袋小路に住みはじめました。世界のどこにでもあるような、ふつうの町のふつうの地区の、ごくふつうの住宅地です。
　しかしあるとき、シャニとティムがご近所さんを対象に環境についての教育ワークショップを開いてから、変化が訪れました。「コミュニティはサステナビリティ(持続可能性)の一環である」との考えが背景にありました。彼らの住む通りを、もっとコミュニティらしくできないだろうかと考えたのです。

「ハルバート・ストリートがどんなふうになったらよいでしょうか。何かできることがあるとしたら——お金やリソース、だれが何をするかといったことに関係なく——私たちの住むこの通りにどんなことが起きたらいいと思いますか」

TOGETHERNESS——人と共にあること　53

　シャニとティムはそう問いかけました。

　大人たちは菜園づくりや、週に一度のお茶会を提案し、子どもたちは道の真ん中でクリケットやサッカーの試合ができたらいいという夢を語りました。ある10歳の子どもは、「道にスケボーができるエリアがあったらいいな」と言いました。うーん、さすがにそれは無理でしょう、とシャニは思いました。

　でも実際にやってみると、最初に実現できたのがこれでした。ご近所さんのひとりが材料をどこかから見つけてきたうえに、ランプ（スケートボードの滑走用設備）をつくる技術も持っていたのです。スケートボード用のランプができたことで、この通りが「車で通り過ぎる道路」から「遊び場」へと変わりました。

　シャニはこう説明します。
「ハルバート・ストリートの名簿をつくったんです。最初は連絡先の登録だけだったんですが、そこからどんどん広がって、共有できるものと必要なものを載せるようになりました」
　このリストには住人の住所、氏名、電話番号とEメールアドレスが掲載され、さらには、その人たちが持っているスキルやリソース、そして足りないことや必要なことまで書きこんでいきます。

　足りないことや必要なことの例として、ある人はクワの実をもらってくれる人を求めていました。クワの実がなる季節には、いつも大量に余ってしまっていたからです。
　また、だれも手押し車を買わなくてよいことがわかりました。33番地に住むブライアンから借りることができるのです。荷物を運ぶ台車が必要なら、29番地のフィリップが持っています。そして、23番地のオビは留守中に飼い猫の世話をしてくれる人です。

TOGETHERNESS——人と共にあること　55

　この名簿のおかげで、3人の女性が歌を習いたがっていることも、元合唱団団長の女性がこの通りに住んでいることもわかりました。自然の流れで、彼女たちはハルバート・ストリート合唱団を結成することになりました。

　通り沿いの空き地には野菜が植えられ、ハルバート・ストリート・ガーデンがオープンしました。しばらくすると、住民たちの玄関前にジャガイモやニンジンのおすそ分けが配られるようになりました。
「許可はどうやって取ったのですか」といろんな人がシャニにたずねます。
「許可ですか？　許可って必要なのかしら？」と彼女は答えます。
　そんな調子で、月に一度、住人が通りに集まって映画鑑賞をするハルバート・ストリート映画会もスタートしました。めいめいが椅子を持ってくるほか、晩ごはんも持ち寄りでまかないます。

　リソースはどんどんふくらみます。荷物が運べるカーゴバイクも増えたし、ハルバート・ストリート図書館（本を1冊持ってきて1冊借りる方式）も設立されました。

　ついには車輪がついた移動式ピザ釜（これはみんなの共有）まで手に入り、週に1度、みんなでピザを焼くようになりました。
　おまけに飼いヤギも。2軒のお宅が敷地の境にあった塀を取り除くことに同意し、ヤギを飼うスペースをつくることにしたのです。

　彼らのコミュニティのつながりの強さは、ピザ釜やヤギで十分測れます。でも、それがいちばん顕著にあらわれたのは、シャニとティムの家に泥棒が入り、現金の入った金庫やパソコンが盗まれてしまったときでしょう。
　災難を聞きつけたご近所さんたちは、食べ物やお金を持ってきてくれました。「500ドル入っています。私はお金に困っていないので、これは差しあげます。返さないでくださいね」というメモをつけてくれた人もいたそうです。
　ある人はインターネットで共有フォルダをつくり、シャニとティムがなくしたファイルや写真を復元できるようにしました。ある男の子は、生まれて初めて焼いたというパンと、貝殻のコレクションを全部、シャニにくれたのだそうです。

＊　＊　＊

　シャニにたずねてみました。「同じようなコミュニティをつくりたいと思っている人がいたら、なんと助言をしますか」

「マネだけではダメですよ」シャニはいたずらっぽく笑います。
「自分たちにとって何がうまくいくのかをよく考えて。自分のコミュニティではどんなことができそうか。みんなが興味あるものは何か、みんなをまとめるきっかけを見つけ出して、そこから築いていけばいいと思います」

TOGETHERNESS ── 人と共にあること

「私の友人は、トマト畑をつくってご近所のコミュニティづくりをしたそうです。今では15組の家族が集まって、毎年トマトの瓶詰めをつくるんですって」

シャニの話からは、いくつも学べる点があります。

第1に、はっきりした区切りのあるコミュニティは有利であるということ。ハルバート・ストリートは袋小路で、地理的にも区切りがはっきりとしています。島に住む人たちがしばしば、強い連帯感やアイデンティティを持つようになるのは、こうしたことも理由のひとつにあるでしょう。

第2に、みんなが使える、安心・安全な公共の場を見つけ出すことが必須です。袋小路になっている道路なら、車が通り抜けられないので最適ですが、そうでなければ、ちょっとした緑地の共有スペースもよいですね。

第3に、夢を持つことがもっとも強力な刺激になること。ハルバート・ストリートでの活動の起爆剤となったのは、シャニがご近所さんたちに、「ここの通りでどんなことができたらよいか」という夢を語ってもらったことです。

『星の王子さま』の作者、アントワーヌ・ド・サン=テグジュペリの言葉を借りれば、こういうことになります。

> 船をつくりたいのなら、男どもに木を集めさせたり、仕事を割りふって命令したりする必要はない。代わりに、彼らに広大で無限な海の存在を説けばいい。

幸せのヒント　みんなの心をひとつにしましょう

　スキルや持ち物を共有できるように名簿をつくり、今住んでいるコミュニティに連帯感を持たせましょう。

　ハルバート・ストリートのコミュニティのように、ご近所さん同士のつながりを築くことから始めるといいでしょう。ご近所さんのドアをノックするのは腰が引けるという人もいると思いますが、得られる報酬は意外と大きかったりしますよ。

　みんなの名簿をつくったり、ミニ図書館を始めるために本の寄付を募ったり、近くでコミュニティ菜園をつくるから参加しませんかと誘ったりするのも手です。

　もっとも大事なことは、まわりの人と会話を始めること、彼らの名前や、どんなスキルがあるか、興味やニーズは何かを知ること、そしてみんなのまわりに連帯感をつくり出すことです。地域に住む人がユニークなように、コミュニティもユニークなものになるにちがいありません。

幸せは町ぐるみ

　幸せだなあと感じたときや、よい気分になったとき、声を上げて笑ったときや、にっこりしたときのことを思い浮かべてみましょう。おそらく頭に浮かんだのは、だれかと一緒にいたときの思い出ではないでしょうか。

　私の幸せな思い出は、まる一日スキーを楽しんだあと、友人たちと山小屋でくつろいでいるときのことです。暖炉で火が燃えている暖かい部屋の中で、ウイスキーのグラスを傾けながら。

　世界中で講演するたびに、「楽しかったときのことを思い浮かべてください」と聴衆にお願いします。すると、多くの人はだれかと一緒にいる場面を思い浮かべます。

　このことは、「幸せになるには他人との関係が重要である」という証明にはけっしてなりません。

　しかし、右ページのグラフを見てください。人々が友人や親類、同僚とどのくらいの頻度で交流しているかということと、幸福度を関連づけて見てみると、明らかにパターンがあることがわかります。交流の頻度が高いほど幸福感も高いのです。ただ、量と質は別だといえます。

友人や親類、同僚と、どのくらいの頻度で交流しますか

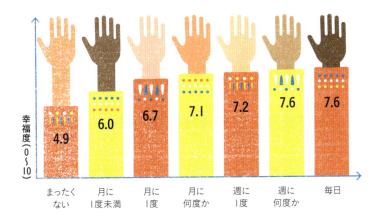

だれにも言いたくないようなことや個人的なことを話せる人は何人いますか

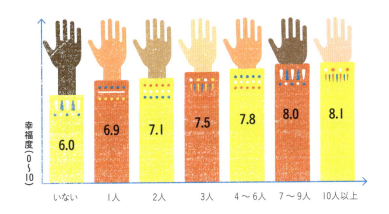

出典：第7回 欧州社会調査

TOGETHERNESS ——人と共にあること

人がたくさんいる部屋であっても、孤独を感じたことはありませんか？

　だれかと会って過ごしたとしても、それだけで満たされるわけではありません。大事なのは、つながりを持てるかどうかです。

　肩の力を抜いて、心の奥の本当の気持ちを話せるほど、自分を信頼してくれる人がいますか。秘密を打ち明けられる人がいますか。

　これは数字にも反映されます。個人的なことを話せる人が多くいると、幸福度も高くなるのです。逆に、孤独は幸福にとってよいことではありません。

　2,000年以上も前に、アリストテレスは「人間は社会的な動物である」と指摘しました。1940年代には、心理学者のマズローが「人間の欲求のピラミッド」で、もっとも基本的な「安全と生理的欲求」のすぐあとに「愛と所属の欲求」がくることを示しました。

国連の世界幸福度調査で示されたのは、世界の国別にみる幸福度の
ちがいのうち、およそ4分の3が、6つの要素によってもたらされる
ということでした。

　そのひとつが「社会的支援」です。
　社会的支援は、「助けが必要なときに頼れるだれかがいるかどうか」
と問うことで測ります。おおざっぱな方法ではありますが、これにつ
いては世界中のデータがそろっていて、実際に幸せのレベルを測るこ
とができます。

　幸いなことに、OECD（経済協力開発機構）に属する国々では、平
均88パーセントの人々が「助けが必要なときに頼れる人がいる」と
答えています（35ページの表を見てください）。

　ニュージーランド、アイスランド、スペイン、そしてデンマーク
の人々は、もっとも高い安心感を持っています。これらの国では95
パーセント以上の人が、困ったときに友人が助けてくれると答えてい
るのです。
　一方、下位にランクされたハンガリー、韓国、メキシコでは、それ
ぞれ約82パーセント、約76パーセント、約75パーセントという順
に、その安心感が低くなっていきます。

　何年か前、家を買うのにお金を借りようと、銀行に電話をかけたこ
とがあります。職業は「幸福の研究者」だと伝えたところ、電話の向
こうの男性は絶句していました。
　結果を先にいうと、30代半ばで独身の私は次の数カ月、友人宅の
ソファで寝泊まりするはめになりました。友人の飼っている2匹の猫
と一緒に。

　けれど、私は不安になったりはしませんでした。困ったことがあれ
ば、助けてくれる人たちがいるとわかっていたからです。

TOGETHERNESS ── 人と共にあること　**63**

幸せのヒント　**オランダの人にならって、**
「隣人の日」を祝おう

　まわりの人と話をするように努めましょう。コーヒーを一緒に
飲んだり、共有の菜園を手伝ったり、ちょっと立ち話をしたり。

　オランダには、「遠くの友よりよき隣人」ということわざがあ
ります。2006 年以降、オランダでは毎年 5 月 26 日に「隣人の日」
をお祝いします。始まりは、ご近所さん同士のつながりを持たせ
る小さな取り組みでしたが、今やオランダ中の 2,000 地区で祝う
イベントになりました。

　きっかけはある調査結果でした。オランダ人の 4 人中 3 人が、
「定期的に活動のあるコミュニティが、住むのにもっとも快適で
ある」と答えていたことから、オランダのコーヒー会社、「ダ
ウ・エグバーツ」が隣人たちの交流をうながそうと始めたのです。
　そしてダウ・エグバーツは、2008 年以降、隣人の日を祝うた
めの資金をコミュニティに提供している「オラニエ・フォンズ財
団」と共同でこのイベントを推進しています。

　祝い方はさまざまで、街頭でパーティを開く町もあれば、ふだ
んはなかなか顔を合わせないご近所同士でコーヒーを飲む会もあ
ります。

　みなさんも来年の 5 月 26 日には、ご近所さんにあいさつをし
たり、家に招いて温かい飲み物を一緒に飲んだりと、何か特別な
ことをしてみてはいかがでしょうか。

一緒にボウリング

2000年にハーバード大学教授の政治学者、ロバート・パットナムが『孤独なボウリング』（柏書房）という本を出版し、アメリカ市民社会の衰退を説きました。パットナム教授の見解によれば、アメリカ人はコミュニティ参加がどんどん少なくなっており、社会全体にダメージを与えているということです。

アメリカ人は、ボランティア活動に参加する、教会に行く、隣人と知り合いになる、友人を家に誘う、飲みに出かける、組合に参加する、単に友だちと一緒に過ごす、といったことが非常に少ないといいます。

この現象はアメリカにかぎらず、全世界で起こっていることです。世界中の人々が、幸福をまちがったところに見いだそうとしているようです。

人間は、互いのつながりがあるとより幸せだと感じ、何かに属していたいと願う生物です。ところが、どうやったらそれができるのか、よくわからないでいるのです。

この問題は科学技術の進歩とともに、より顕著になってきました。これまでにないほど、人とつながる手段が生まれているのに、われわれは孤独なままです。

面倒なことがあると、最新の技術でそれを手際よく処理しようと考えがちです。直接会うよりも電話で、電話よりもメールで、メールよりも SNS で。直接会わなくてもだれかとつながれる、という幻想があるからですね。

ソーシャルメディアには、たとえば地理的に離れた人たちと連絡を
取れるというよい面もありますが、ソーシャルメディアに費やす時間
を少なくした人のほうが、より幸せを感じ、実際の世界とのつながり
が強くなるという研究結果が出ています。

　2015年にハピネス・リサーチ研究所である実験を行ないました。
　幸せのさまざまな側面について被験者に質問したあと、無作為にグ
ループ分けをします。片方はフェイスブックを使い続けた「コント
ロール群」、もう片方は1週間フェイスブックを使用しない「治療群」
としました。1週間後、被験者に再び人生についてたずねます。

　その結果、治療群のほうがはるかに高い人生の満足度を示したので
す。彼らは人生をより楽しんでおり、孤独を感じることが少なくなり、
フェイスブックを使わないことで社会活動や社会生活への満足度が向
上した、という報告がなされました。

　このような介入の長期的な影響を理解するためには、まだまだ研究
が必要です。ただ現時点ではっきりしているのは、デジタル技術はま
だスタート段階にあり、私たちもそれを使いこなす能力において未熟
だということです。

　ここで重要になってくるのが「類似集団」を集めることです。つま
り、電子機器にのめりこんで人間関係がおろそかになっている人では
なく、話し相手や遊び相手になってくれる人を確保する必要があるの
です。

　デジタルの中のコミュニティから離れたとき、どうやって遊び相手
を見つけることができるでしょうか。

TOGETHERNESS ──人と共にあること　**67**

幸せのヒント 「アナログ仲間」をつくろう

　友人や家族と一緒に、週に何時間か「テクノロジー・フリー」の時間を設けましょう。スマートフォンのチェックをやめ、「デジタル・デトックス」に挑戦してみましょう。

　昨年、イギリスの児童支援団体「アクション・フォー・チルドレン（Action for Children）」が行なった調査では、約4人に1人の親が「子どもがパソコンやタブレットで遊ぶ時間をコントロールするのはむずかしい」と答えています。
　一方、子どもに宿題をさせるのに苦労していると答えた親は、わずか10パーセントでした。親たちは、子どもに宿題をさせるよりも、パソコンやスマホをオフにさせることに苦労しているのです。

　なぜ子どもたちはパソコンやスマホをオフにしないのか？　それは、オンラインのコミュニティから取り残されたくない、と思っているからでしょう。

　あるデンマークの寄宿学校は、コミュニティ形成のために思いきった方法を取ることにしました。職員がスマホやその他のデバイスを生徒から取り上げてしまったのです。
　生徒たちには1日1時間だけ、デバイスに触れる時間が与えられます。フェイスブックやインスタグラムへのアクセスは1日1時間だけというわけです。

　1学期が過ぎ、この方式の是非が生徒会の投票にかけられました。この方式を続けるか、デジタル機器を取り戻して使いたいだけ使うかを問われ、生徒の80パーセントが前者に票を入れました。

　もちろん、こうしたやり方は十分な人数の賛成票があってこそできることです。
　あなたひとりだけがスマホを持たずにいて、クラスのほかの子が全員、家で友だちとスナップチャット（メッセージアプリの一

種）をしていたら、さみしくて当然です。

　だからこそ、自分のまわりに同じ考えの人を集めることが重要です。家族を説得し、毎週木曜日の夜を「アナログ・ナイト」にして子どもたちを一緒に遊ばせたり、あるいは家族で過ごす夜と決めてしまうとよいでしょう。

　アイデアはほかにもあります。夕食前後の2時間をスマホ禁止タイムにしてしまうとか、コート掛けの横に専用のバスケットを置いて、友だちが遊びにきたときにスマホをそこに入れてもらうのもいいですね。

世界のバラエティ豊かな「共同体」

ボーフェレスケーブ（Bofællesskab）
デンマーク：コ・ハウジング（共同住宅）計画。プライバシーとコミュニティの両方をつくり出せるようにデザインされたもの。家族単位で生活すると同時に、ほかの家族との共同生活を体験できる。社会的孤独と日々の雑事を減らせる。41ページを参照。

ハルバート・ストリートのコミュニティ
オーストラリア、パース：シャニというカナダ人女性が、『星の王子さま』からヒントを得たコミュニティづくり。ピザ会、映画鑑賞会、菜園、ヤギを飼うなど、ご近所さんに「住みたい街」を語ってもらうことから始めた。53ページを参照。

隣人の日
オランダ：「遠くの友よりよき隣人」というオランダのことわざが発祥。隣人同士で集まってコーヒーを飲もうという取り組みが、オランダ中の2,000地区が祝う全国的なイベントへと成長した。64ページを参照。

モーター・シティからガーデン・シティへ
アメリカ、デトロイト：金融危機で市が財政破綻したのち、市民は「モーター・シティ（自動車産業の街）からガーデン・シティへ」と銘打った市の復興計画に着手した。コミュニティ菜園が市内のあちこちに開設され、現在、世界最大の都市農業運動のひとつに発展している。

模合
日本、沖縄県：沖縄は世界有数の長寿の地で、100歳を超えるお年寄りが多い。長寿の秘訣は「模合」と呼ばれる風習だともいわれる。沖縄の伝統の中核をなすもので、小さくて結束の固い社会ネットワークを形成し、メンバー同士が一生の絆を結ぶ。模合は子どもが生まれたときに形成され、その子が一生続くコミュニティに入れるように支援する。経済的に苦しいとき、病気になったときや、愛する人を亡くして悲しんでいるときなど、人生において何か重大な問題に直面したとき、模合の仲間が支えてくれる。

死者の日
メキシコ：死者の日は毎年10月28日から11月2日の間に祝う。この日、亡くなった人たちが神の許しを得て地上の友人や親戚を訪れる、と信じられている。家族や友人の墓参りをし、墓前で飲食を共にする。このイベントは、故人をしのぶしめやかなものというよりは、その人の人生を祝うものであり、「故人と一緒にいる」という感覚が強い。

子育ては村ぐるみ
アフリカ西部：アフリカのさまざまな言語で見受けられる「子育ては村ぐるみ」ということわざは、アフリカ西部で話されるイボ語とヨルバ語に起源を持つといわれる。このことわざは、「私たちがお互いの面倒を見るのだという考えをしっかり守れば、みんなが共に幸せになれる」ということを思い起こさせる。

TOGETHERNESS ——人と共にあること

CHAPTER 4

MONEY
バランスの取れた
おつき合い

私たちの暮らしを左右するもの

11歳のある日、デンマークの経済誌『ブアセン』が「米ドル、1年以内に8クローネまで上昇の見込み」と報じました。

当時は1ドル＝7クローネぐらいだったので、私は友だちと同じように、貯金を全部、米ドルへ交換しにいきました。
「アメリカへ旅行に行くの？」と、銀行員の女性がお金を数えながらたずねました。
「いいえ」と私は答えました。「ブアセンは読んでいないのですか？」

私は初めての債券と株式を10歳のときに購入し、自分の部屋の壁には、札束の山の写真に「最初の100万」と書かれたポスターを張っていました。
学校ではクラス対抗の模擬株式取引ゲームに参加し、学級単位で株の売買をしていました。ただ、取引価格はその日の新聞に掲載される価格、つまり前の日の実際の株価だったので、銀行に電話しては、その日の株式市場でいちばん値上がりした銘柄を聞き出し、私のクラスはその銘柄の株を購入したのでした。
大人たちはそれをインサイダー取引と呼びますが、私たちは"運"と呼んでいました。いうなれば、11歳にして、映画『ウォール街』のカリスマ投資家ゴードン・ゲッコーも顔負けのやり手だったわけです。

なぜこんな話をしているのかというと、このCHAPTERをみなさんがお読みになるときに、私のことを資本主義社会からは距離を置いたヒッピーの子どもか何かだと思われるかもしれないからですが、けっしてそんなことはありませんでした。
結局、当時の米ドルは6クローネまで値下がりしました。いまだに根にもっています。

「お金さん」と「幸せさん」

フェイスブックで「お金さん」と「幸せさん」がふたりの交際ステータスを載せるとしたら、「複雑な関係」と書くでしょう。

収入と幸福の間には相関関係があります。一般的にいえば、国が豊かであればあるほど、国民は幸せです。1人当たりのGDP（国内総生産）、つまり国の富は、国による幸福度を左右する要因のひとつです。

しかし、ここではっきりお伝えしたいのは、この2つの関係はどうやら「お金がないことが不幸になる原因だ」という考え方から来るらしいということです。

貧困社会の不安定さを改善するのは意味のあることです。一般的に、家計収入が高くなるほど、貧困層の生活状況は改善しますし、そうすればその人たちの幸福度も上がります。

お金があるおかげで食卓に食べ物が載り、屋根の下に住むことができ、子育ての助けにもなるという場合には、お金は大いなる力を持っています。

ですが、自分の飼い犬に1,000ドル（約11万円）もするフカフカベッドを買うような人は、幸福度を上げるのに必要なものはすでに全部、買い尽くしてしまったといえます。

さらに言うと、幸せをもたらす購買意欲の頂点にとっくに到達しているだけでなく、その後は崖から落ちるように急降下し、今では飼い犬がその頂点にフンをしているようなものでしょう。

何かを多く持てば持つほど、そこから得られる幸せは減っていきます。1切れ目のケーキは天にも昇るおいしさですが、5切れ目ともなるとおいしさはガクンと目減りします。

　経済学者たちはこれを「限界効用逓減の法則」と呼びます。ある国やその国民が豊かになっても、それが幸せに直結しない理由がここにあります。

　もうひとつの理由は、豊かになればなるほど、人間は新たなレベルの富に順応してしまうということがあります。ハピネス・リサーチ研究所では、これを「快楽のランニングマシン」と呼んでいます。

快楽のランニングマシン

　空想にふけることは、だれにだってあります。私はよく、「スリムで引き締まった体になれたらいいな」と空想しますが、そうなるには「キャンディークラッシュ」（スマホのゲーム）に熱中して、一日中じっとしているのをやめなくてはなりません。

　人はみな夢を見、将来に大きな期待をかけ、「パリに引っ越してフランス語を学び、執筆活動にいそしむのも悪くないな」などと妄想します。

　ところで、私たちの期待や野望は、どのように幸せとかかわっているのでしょうか。

　ノートルダム大学メンドーザ・カレッジ・オブ・ビジネスで経営学を教えるティモシー・ジャッジ教授は、野心がどのように私たちの人生を形づくるのかを調べるために、717人の人生を追跡調査しました。
　この研究は1922年から始まっています（アメリカのホワイトハウスにラジオが初めて導入された年ですよ！）。被験者たちはまだ子どもでしたが、その後、最長で70年にわたり彼らの人生を追い続けました。
　その間に世界は大戦をくぐり抜け、月に宇宙飛行士を着陸させ、大国の盛衰やインターネットの発明までも目の当たりにしてきました。

　この研究で、被験者たちはまず、野心的かそうでないかを記録されました。これは、彼らが若いうちに行なった自己評価と、親たちの評価に基づくものでした。
　当然ともいえますが、野心的な人たちのほうが、ハーバードやプリンストンなどの一流大学に入り、より尊敬される職業に就き、より高い給与を得るなど、客観的に見てより大きな成功を収めました。

MONEY ──バランスの取れたおつき合い

ローマ皇帝マルクス＝アウレリウスは「人間の価値で大志より偉大なものはない」と言いました。物質主義の観点から見れば、それは正解だったかもしれません。
　しかし、「人生の価値と幸福は別物である」ということを見落としていました。

　野心に燃える人たちは、ひとたび目標を達成するや、次に追い求める目標をつくり出します。これが「快楽のランニングマシン」です。
　彼らはつねに、幸せになるために自分の求めるものや必要と感じるもののレベルを上げ続けるので、志が高くなればなるほどハードルが上がって苦しくなります。
　つまり、野心的であることの欠点は、自分の上げた成果につねに満たされることがないということなのです。

「幸福は大志から現実を差し引いたもの」といわれますが、ここには
いくらかの真実が含まれているのかもしれません。

　では、デンマーク人が高い幸福度を享受している理由は、何事につ
け期待の度合いが低いからなのでしょうか。

　以前、イギリスの医師会誌『ブリティッシュ・メディカル・ジャー
ナル』に、「デンマーク人はなぜ幸せなのか── EU における人生満
足度の比較研究」という論文が掲載されました。
　この論文では、デンマーク人の高い人生満足度の要因は「一貫した
将来への低い期待」なのだとか。

　この論文は、BBC や CNN といったテレビのニュース番組でくり返
し取り上げられました。ただし、この論文はジョークのつもりで発表
されたものです。

　論文では、デンマーク人に金髪が多いことや、ビールの消費高が
めっぽう高いことも、幸福の要因だといいます。さらに、1992 年に
サッカー欧州選手権の決勝でドイツを２－０で破ったために、デン
マーク人はすっかり舞い上がり、それ以降、国全体が変わってしまっ
たとか。

　この論文は科学的なデータではなく、ユーモアに基づいて書かれた
ものでした。とはいえ、「けっこう当たっているんじゃない？」と感
じた人も少なくありませんでした。

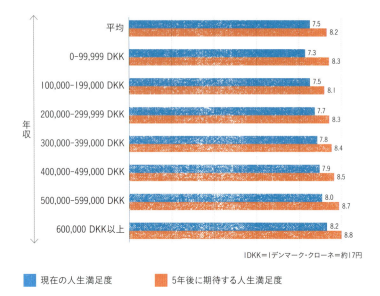

　打ってかわって、デンマーク統計局の正式なデータをご紹介しておきましょう。

　統計局の調査では「現在の人生についてどう感じているか」だけでなく、「5年後にどのくらい幸せだと想像するか」と人々に問いかけました。その結果、デンマーク人は「将来、もっと幸せになれるだろう」と期待していることがわかったのです。

　つまり、デンマーク人はモノを買い集めることに関しては意欲が低いのでしょうが、だからといってデンマーク人が幸せに関しても期待値が低いというわけではなさそうです。

> 幸せのヒント **「ゴール」より「プロセス」を大切に**

　目標に向かうプロセスを楽しむようにしましょう。そして、目標を達成すればすべてが満たされるわけではない、ということも忘れないでください。

　目標を達成することでしばらくは幸せな気持ちになれるかもしれませんが、それは永遠に続くものではありません。人間はつねに、幸せになるために自分の求めるものや必要と感じるもののレベルを上げ続ける性質があります。
　初めて本を出版できたら、しばらくはハッピーでしょう。しかしまもなくすると、その本がベストセラーになってほしい、世界的な売れっ子作家になりたい……と、新たな野望を抱くようになるのです。これは私個人の経験ですが……。

　個人の望みを永久に満足させてくれるような何かを、人類はまだ発見できていません。ですが、「幸福の追求」という考え方を、「幸福を追求することの幸福」に置き換えてみることはできます。
　何か意味のあるものごとを探求している人は、それが舟をつくることにせよ、完璧なトマトを育てることにせよ、より幸せでいられる傾向が高いのです。彼らは、幸せというのはそれを追い求めるプロセスの副産物であって、ゴールラインにあるのではないとわかっている人たちです。

期待が大きいほど
心がおどる

ある朝、くまのプーさんとブタのピグレットが、「この世の中でいちばん楽しめることはなんだろう」と話し合っていました。

プーさんはハチミツをなめるのが大好きでしたが、なめ始める直前の瞬間は、実際になめているときよりも、もっと好きでした。でも、それをなんと呼べばいいのかわかりませんでした。
『クマのプーさん』を書いたＡ・Ａ・ミルンは、作家というよりは「幸せの哲学者」だと思います。

期待はよろこびの源になりえます。
好きな人からキスをしてもらえると想像してみてください。有名人でもかまいません。あなたならだれを想像しますか。
ジョージ・クルーニーでしょうか。アンジェリーナ・ジョリーでしょうか。私ならレイチェル・ワイズがいいですね（もちろん、"ジェームズ・ボンド"のパートナーだということは知ってますよ）。

だれか特定の人を思い浮かべましたか？
そうしたら、次にまた考えてみてください。そのキスはいつされたいですか？　今すぐでしょうか？　３時間後？　24時間後？　３日後とか？　１年後でも？　10年後はどうですか？

MONEY ── バランスの取れたおつき合い　**85**

このようなことを実際に研究した人がいます。カーネギー・メロン大学の経済学・心理学教授で行動意思決定研究所の所長でもあるジョージ・ローウェンスタインです。論文のタイトルは「消費を遅らせることの期待と評価」といい、1987年に発表されました。

研究の結果、「3日後にキスされたい」という回答者がもっとも多いことがわかりました。また、人々は今すぐできる体験よりも、3日後の体験のほうにより多くのお金を払うことも示されました。

毎年、私は友人たちと1週間、アルプスにスキーをしにいきます。これは体験にお金を払うだけでなく、期待にもお金を払っているといえます。実際に行く前の半年間、ワクワクしながら過ごすことができるのですから。

自分と友人たちが山の斜面をスキーで降りてくる場面や、山小屋のバルコニーでくつろいでいるところを想像してみます。空は抜けるような青。それも、純白の雪に覆われた山々と組み合わさることでしか存在しえない青です。
するともう、手に持ったマグカップの温かさや、顔に降り注ぐ太陽の光まで感じられるような気がします。

重要なのは、期待することは大きなよろこびの源になりうるということです。でも、気をつけなければいけないこともあります。行きすぎた期待や野望は、ときには「みじめな自分」をもたらす原因にもなるからです。

幸せのヒント　前払いをして、あとで楽しむ

　旅行や体験にお金を払うのであれば、「ちょっと先」の計画にしましょう。そうすれば、「楽しみにする」という「楽しみ」まで一緒に買えますよ。

　今から半年後、何をしたいと思いますか？　友だちとコンサートを見にいくのはどうですか？　大切なだれかを、すてきなレストランに招待するとか？　それなら、コンサートのチケットやギフト券を、今すぐ購入するとよいでしょう。

　遠い将来の計画を立てるのもよいですね。今から10年後、あなたはどんな夢をかなえたいですか。ふだん使っている銀行口座とは別に、「ハピネス口座」をつくって貯金を始めましょう。

「比較」のワナにご注意

　私は講演でよく、みなさんに「2つの世界を想像してみてください」とお願いします。

「第1の世界」では、あなたの年収は5万ポンド（約700万円）で、あなた以外の人々は2万5,000ポンド（約350万円）です。
「第2の世界」では、あなたの年収は10万ポンド（約1400万円、つまり第1の世界の倍）で、ほかの人たちは20万ポンド（約2800万円）です。物価はどちらも変わらないので、コーヒー1杯分の値段はどちらの世界でも同じとします。

　いかがですか。どちらの世界で生きたいと思いますか。
　通常、ほとんどの人が「第1の世界」と答えます。これは、ハーバード大学で1998年にこの質問が提起されて以来、何度も実施されてきた学術研究の結果とも一致しています。

　ほとんどの人が第1の世界に住みたいと思う理由は、私たちは自分の購買能力が気になるだけでなく、社会の階層の中で自分がどこに位置しているかということを重要視するからです。

自分よりお金持ちの人たちのまねをしたくなるのも、同じ理由からです。

　クレジットカードの普及によって、身の丈以上のライフスタイルを模倣することが容易になりました。それに「お隣さんと張り合いたい」という気持ちが相まって、2008年の世界的な金融危機を引き起こす要因のひとつになったとされています（訳注：返済能力に対する信用度が低い人たちにも、金融機関が住宅ローンを貸したことに端を発したといわれる）。

　要するに、ありもしないお金を費やし、必要以上のものを買うことがあたりまえになっているのです。単なる隣人に、すごいと思ってもらいたいがために。

　もっとも、自分にお金があると見せびらかす行動は、今に始まったことではありません。

　1899年に、ソースティン・ヴェブレンというアメリカの社会学者が「顕示的消費」という言葉をつくりました。これは、「公に富を誇示してステータスを得るために高級品を買う現象」のことを指します。

　ヴェブレンは、当時の成金アメリカ人の多くが、自分たちがいかに金持ちであるかを証明するために莫大な富を消費していることに気づきました。

　今日、iPhoneに1,500万ドル（約16億円）も払う人がいるのは、まさに同じ現象でしょう。そのiPhoneは、純金の本体に600個のホワイトダイヤモンドが埋めこまれ、裏のアップルのロゴにも53個のダイヤモンドがついているのです！

　自分のリッチさをひけらかす以外にはなんの意味もないiPhoneですし、Siri（音声認識アシスタント）に話しかけてもやっぱり同じです。

　ギリシャの海運王アリストテレス・オナシスの所有していた「クリスティーナ・O」という豪華ヨットには、クジラの包皮の革を張ったバー・スツールがあったそうです。世界一裕福な男は、クジラの包皮に大金をはたいたということ！

　自己顕示欲から、必要もないものにお金を費やしても、幸せに近づくことはありません。それは不毛な軍拡競争と同じだといえます。

MONEY ――バランスの取れたおつき合い　**89**

自分は他人よりも
重要な人物であると
思ってはならない

自分のことを
特別な存在だと
思ってはならない

自分は他人よりも
優れていると
思ってはならない

自分が他人から
気にかけてもらえると
考えてはならない

ヤンテの掟(おきて)

　デンマークをはじめとする北欧諸国では、消費は「控えめ」が美徳とされています。なぜなら、「ヤンテの掟」があるからです。
　この「掟」の由来は、デンマーク人とノルウェー人を両親に持つ作家のアクセル・サンデモーセが1933年に書いた小説。テーマは「自分は他人よりも優れてはいない」ということです。「ヤンテの掟」は、「ステータスの高さ」をいましめる文化のもとになっています。自分が上位にいることを見せびらかす人たち、あるいは上位だと見せかける人たちは下品だとみなされます。
　日本語では「出る杭(くい)は打たれる」などという言葉がありますが、英語でも「トールポピー症候群」(トールポピー＝背の高いケシの花はつまれてしまう)という表現があります。

自分は他人よりも
知識が深いと
思ってはならない

自分は他人よりも
かしこい人間であると
思ってはならない

自分は何かに
秀でていると
思ってはならない

自分は他人よりも
善良であると
考えてはならない

他人のことを
笑ってはならない

自分が他人に
何かを教えられると
思ってはならない

MONEY ── バランスの取れたおつき合い　**91**

ヤンテの掟は北欧文化を形成する大きな要素であり、デンマークで派手な高級車がなかなか見られない理由でもあります（まあ、自動車税が150％もかかるということも、もちろんありますが……）。

　アメリカでは成功すればわれ先にとアピールしますが、北欧では謙遜のほうがより大事な美徳なのです。「SUCCESS（成功）」というナンバープレートをつけた高級車（私がラトビアで実際に見かけました）なんぞ買おうものなら、2日も経たないうちに、だれかに引っかき傷をつけられてしまうでしょう。

　ヤンテの掟には「ねたみ」や「足の引っぱり合い」といったマイナス面もたくさんありますが、顕示的消費を抑制するというプラス面をあえて強調したいと思います。他人の富を見せつけられると、歯止めがきかなくなることもあるからです。

　韓国には、このことをうまく表した格言があります。それは「いとこが土地を買えば腹が痛い」というものです。

リッチなのに
なぜかハッピーになれない人

　韓国はいろいろな意味で、先進国の多くが直面する課題を如実に体現しています。

　過去2世代の間に、韓国は世界でもっとも貧しい国のひとつから、もっとも豊かな国のひとつに成長しました。

　祖父母世代はおそらく飢饉の時代を覚えているでしょうが、その孫たちは世界でも最高水準の生活を享受しています。国の平均寿命や健康管理の効率性、大学進学率もトップクラスです。

　韓国の人々が成しえた経済成長は、おどろくべき成果です。ソウルを訪れたあとにコペンハーゲンに戻ると、10年ほどむかしにタイムスリップしたような感覚にすらなります。

　しかしこの国は、これまでに手に入れた富を幸せに変えられないでいるのです。2017年の世界幸福度調査では韓国は55位でした。さらに憂慮すべきことに、OECD諸国の中でも自殺率がトップなのです。

韓国はどこの国よりも多くの人を、ハピネス・リサーチ研究所へ視察に送りこんできます。韓国の政治家やジャーナリスト、大学生や教授といった人々が、自国の生活の質を向上させる方法を求めてやってくるのです。

　ある人はこう言いました。
「私たちは長年、アメリカを大きなお手本として見てきました。自分たちの国のあるべき姿はこれだ、と思っていたのです。でも今や、その方向が正しいのかどうか、定かではありません」

　私に言わせれば、アメリカこそが、富を幸せに変えることに失敗した代表国でしょう。アメリカは過去の半世紀にわたって経済発展を成し遂げ、富を築き上げましたが、国民の幸福度を上げる結果にはいたりませんでした。

　その理由のひとつは格差です。国全体の富が倍になっても、その富の9割を1割の富裕層が占めているとしたら、それは成長とはいいません。"強欲"といわれるべきものです。

MONEY ──バランスの取れたおつき合い

幸福とお金は
切り離して考えよう

　9月。まだ暖かいコペンハーゲン。澄んだ青い空がきれいな金曜日です。いつもより少し早く仕事を終え、オフィスから自転車で10分ほど離れた中央港へ、友だちと泳ぎに出かけました。

　地元の人々でにぎわうこの港は、かつて船が頻繁に行き交う場所でした。
　市が水質改善に取り組んだ結果、2001年にコペンハーゲン初の「ハーバー・バス（港の遊泳施設）」がオープンしました。今ではこうした都会のオアシスが、市の中心部にいくつか見られます。

　当時、私は経済的な事情から友だちの家のソファに寝泊まりしていました。幸いなことに、少し工夫をすればお金をかけずに楽しむことだってできるのです。

コペンハーゲンではどこにでも自転車で行けますから、車は必要あ
りません。もちろんガソリン代もかかりません。収入の高低にかかわ
らず、美しい海はみんなのものです。

　もちろん、お金など必要ないと言うつもりはありません。コペン
ハーゲンには、お金がたくさんなければ行けないような高級レストラ
ンもあります。でも、北欧諸国はできるかぎり個人の幸福から富を切
り離してきました。

　デンマークでうまくいっていることは、「たくさんのお金を持って
いなくても質のよい暮らしを楽しむことができる」ということなのだ
と思います。
　もしも私が職を失い、貯金が底をついたとしても、今楽しんでいる
ことのほとんどは継続できるはずです。

　もちろんそれは、私が暮らすデンマークの環境が恵まれているから
できることでもあります。

　次のページで紹介するミシェルはロンドン出身のフリージャーナリ
ストで、『1年間、何も買わずに過ごしてみたら、人生が豊かになっ
た』という本を書いた人。そう、彼女は実際に1年間、お金を一銭も
使わずに過ごしたのです！

MONEY ── バランスの取れたおつき合い　**97**

[ケース・スタディ]
ミシェルの場合

　2015年、ミシェル・マクガーは、それまでの自分の消費スタイル――必要でもないものを買うためにお金を稼ぐスパイラル――に行き詰まりを感じていました。「お金をかければ幸せになれます」とあおる広告に惑わされているような気がしたのです。

　そこで、365日間、絶対に必要でないものはひとつも買わないと、心に決めました。
　支出は、住宅ローンの返済、電話代やインターネット代などの公共料金(ジャーナリストなので、これは必須)、そして基本的な食費・雑費(週5000円ほど)だけです。

「簡単ではないですね」と彼女は語ります。暗くて寒い11月にこのチャレンジを始めたので、なおさら大変でした。
　毎年この時期には、パブやレストラン通いが生活の中心となっていたのですが、この年はそれもできませんでした。
「ふだんどおりに過ごそうとしたのですが、そうすると予算オーバーです。手持ちぶさたで悲しかったですね」

　春がやってくると、状況はかなり変わってきました。散歩やサイクリングがずっと楽しくなり、湖で泳ぐこともできます。
　ロンドン市内を散歩して、無料の美術展や美術館を見つけるのも楽になりました。インターネットで無料の映画試写会やワインの試飲会、観劇会などを探したりもしました。

「以前よりもたくさん美術展に行くようになりましたね。いちばんのお気に入りは毎月の第1木曜日。ロンドン東部にある150のギャラリーが、夜遅くまで開いているんです」

このチャレンジを通じて、ミシェルはよりいっそう発想が豊かになったそうです。

「これまでは見向きもしなかったようなことも、進んでやるようになりました。ぎりぎりまで自分を追い詰めてみると、幸せにモノは必要ないと気づいたんです」

お金のかからない夏休みも過ごしました。イギリスの海沿いを自転車で回り、ビーチでキャンプをしたそうです。

「こんな経験は初めてです。このチャレンジがなければ絶対にやらなかったでしょう。でも今や、来年また行くのを心待ちにしているんですよ」

MONEY ── バランスの取れたおつき合い

　かつて、古代ギリシャのストア派哲学者エピクテトスは言いました。「豊かさとは、多くの富を所有することにあるのではなく、少ない欲求を持つことにある」と。

　ミシェルのチャレンジは極端だったかもしれませんが、あなたもちょっと幸福から富を切り離してみてはいかがでしょうか。幸せはお金に左右されないということに気づけば、それはもう宝物を探し当てたも同然です。

幸せのヒント　**モノと体験をつなげよう**

　大きな買い物は、特別な機会まで取っておきましょう。そうすれば、そこで買ったものには値札以上の価値が出ます。

　何かをどうしても買わなければならないときは、幸せな出来事や記憶、体験といったものと結びつけることにしましょう。たとえば、私は新しい椅子を買いたくて貯金をしていましたが、最初の本を出版するまで買うのを待ちました。

　また、将来、幸せな思い出をもたらすものを探すのもよいですね。何かを買うことが、今後、自分の行動にどういった影響を与えるかをよく考えましょう。

　何年か前、ハピネス・リサーチ研究所はデンマークのある町と共同で、公立学校の子どもたちの幸せを向上させる取り組みを行ないました。

　私たちの提案のひとつは、町がお金を出して、子どもひとりひとりにりんごの木を与えるということでした。

　小学校の入学時に、子どもたちは「自分の木はこれだ」と教えられます。収穫の時期がくると、学級ごとにりんご狩りに出かけます。そして卒業するときには、卒業生から次の新1年生に木が引き継がれていくのです。

　これを実行すれば、食べ物がどこから来るのかを学んだり、りんごの実が大きくなっていくようすを観察することができます。食べることのよろこびや、集団で力を合わせて収穫することのよろこびも経験できます。木の手入れをして次の世代に引き継いでいくことで、誇りや責任感も学べます。これは学校にとって、とてもよい投資でしょう。

　ところが、残念ながらこのときは実現にまでいたりませんでした。

　そういうわけで、私は「子どもひとりひとりにりんごの木を持たせる」町がいつかあらわれないかと、心待ちにしているのです。

お金をかけずに
暮らしを楽しむ3つの方法

 読書

　公共の図書館や、お住まいのマンションにミニ図書館をつくれば、読書は無料でできます。
　私にとって最高の午後の過ごし方は、夏の日の木陰にブランケットを敷き、本を読むことです。みなさんも今、この本を読んでいるのですから、おそらく同じ意見をお持ちでしょう。

「読書セラピー」という言葉を知っていますか？
　それは、本を用いて、人が直面する問題の解決を手助けする手法で、これまで何十年も使われてきました。
　本に癒やしの効果があることは、古代エジプトや古代ギリシャの時代から知られていたようです。古代の図書館には入口の上に標識があって、「ここは魂を癒やす場所である」と書いてありました。

　現代では、ニュースクール大学（ニューヨーク）の心理学者たちが、「小説を読むと他人の感情を察知して読み取る能力が高まる」ことを発見しました。
　応用社会心理学会誌には、読者が自分と似たような課題や問題に直面する登場人物の作品を読むことで、自分の問題と向き合う能力が向上する、という研究結果が出ています。

　読書は、いうなればとても安価なカウンセリングなのです。

❷「スマイル・ファイル」をつくろう

「ルビー・レセプショニスト」は、アメリカの『フォーチュン』誌で、全米の中小企業のうち「もっとも働きがいのある会社」ナンバーワンにランキングされた会社です。

ここでは、社員が新しく入ってくると「スマイル・ファイル」というバインダーを渡されて、同僚や顧客、上司などから受け取ったほめ言葉をすべて書き留めておくように指導されます。なぜかというと、ほめ言葉は、傷ついた言葉よりも記憶に残らないものだからです。

この方法を参考にして、自分に欠けているものではなく、自分が持っているものに目を向けてみましょう。

週に1度、自分が感謝していることを3〜5つ書き留めてみましょう。「家族や友だちが健康でいること」でもよいし、「お気に入りの雑誌とコーヒーがあること」でもかまいません。そういったものが自分の人生にポジティブな刺激を与えていることに、深く思いをめぐらせてください。

自分の思いをはっきりと文字で表現することは、ただ漠然と考えているのに比べて、気づきが増え、より心に残りやすくなるといわれています。

また、この日記は毎日つけるよりも、週1回など、頻度を低くしてつけたほうが有効だという研究結果もあります。習慣化してマンネリになるといけないからです。

MONEY ── バランスの取れたおつき合い

③ 遊び仲間をつくろう

　前述のミシェルがお金を使わないチャレンジを始める前にそうだったように、レストランやバーで遊ぶことを社会生活の中心としている人はたくさんいます。そういう人は、懐事情が苦しくなると孤立する危険性があります。

　これからは、お金をかけずに遊ぶ仲間をつくるというやり方がおすすめです。安くできるアクティビティを持ち回りで計画し、みんなで集まって過ごすのです。
　私は友人たちと、家で競馬を見る（食事は持ち寄りで）、美術館を訪れる、水泳をする、ボードゲームをする、デュアハウン（コペンハーゲン北部にある元王族の狩り場で、数百頭のシカが生息する公園）へハイキングに行く、といったことで休みの日を過ごしています。

　こういったことは自分には向いていないと思う人や、何もない自然の中では楽しめないという人は、自分なりの方法を探してみましょう。重要なのは、人生の楽しみにおけるお金の価値やパワーをできるだけ小さくすることなのです。

「豊かな国」から学べること

　経済的に豊かな国のほうが幸せなのでしょうか？　集団として平均して見れば、そうでしょう。しかし、世界の裕福な国々をよく調べても、必ずしも明確なパターンは見えてきません。

　カタールは世界一裕福な国のひとつですが、2017年度の世界幸福度調査では35位でした。一方、もっとも貧しい国のひとつであるコスタリカは、幸福度が12位でした。富を国民の幸せに変換するのが上手な国々も、いくつか見受けられます。
　アメリカは世界で18番目に豊かな国で、1人当たりのGDPはデンマークやフィンランド、スウェーデン、アイスランドよりも高いのですが、幸福度ではこうした国々よりも低いと報告されています。

　これらのデータは2つの結論を示しています。まず、お金は重要だけれども、それがすべてではないということ。次に、「収入がいくらか」ということだけでなく、「そのお金で何をするか」ということも大事だということ。
　21世紀でもっとも成功する国は、もっとも効率的に富を幸福に変えられる国でしょう。これは、個人にも当てはまることです。

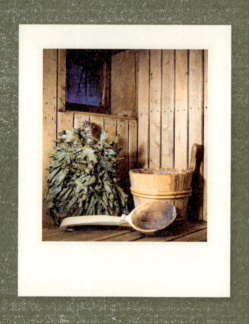

モノではなく、
思い出を買う

「やりましたね、ヴァイキングさん。これであなたもお名前のとおり、
立派なヴァイキングですよ！」

　この言葉は、フィンランドにいる編集者のユッシがかけてくれたも
のです。1月の初旬、私はヘルシンキの凍てつく海から上がってきた
ところでした。

　生まれて初めての寒中水泳でした。泳ぎに出る前に、じつは怖じ気
づいた私は「寒中水泳で死ぬ可能性があるか」などとネットで検索し
ていたのです。

　暗くて氷のように冷たい水に飛びこむ前に、1時間ほど、ヘルシン
キの港にある公共サウナに入りました。ユッシが空港に迎えにきてく
れたとき、私たちの話題はすぐにフィンランド独自のサウナ文化の話
に移りました。

「フィンランドのサウナはスウェーデンのサウナよりいいんですよ」
「どんなふうに？」私はサウナによし悪しがあるなんて、と思いなが
らたずねました。
「もっと温かいんです」

「温かい」というのは、かなり控えめな言い方でした。フィンランド
のサウナは、まるで息を吸うたびに唐辛子を吸いこむような猛烈な熱
さ。口の中が汗をかくなんて、初めての経験をしました。

　20分ごとに従業員が入ってきて、フィンランド語で何かたずねて
います。すると、お客は「キュッラ」と答えます。これはフィンラン
ド語で「はい」という意味。

MONEY──バランスの取れたおつき合い　**109**

サウナの中でどの人がフィンランド人でないかは、すぐにわかります。「キュッラ」と答えないからではなく、「え、もしかして、サウナをもっと熱くしましょうか、って言ってた？」と動揺した表情を浮かべるからです。

　その直後、従業員が熱した石に水をかけると、いっせいに立ち上る蒸気が部屋とみんなの肺を直撃します。
　暗い室内で猛烈な熱さにさらされると、息をすることでせいいっぱい。それはそれは強烈に楽しい体験でした。

　サウナで体験した究極の熱さが、これから入る氷のように冷たい水への恐怖すら、とても心地よい期待感へと変えてくれたのを覚えています。

　1月のヘルシンキ、真っ暗な夜、氷の張った海で泳いだあと半裸で立っていると、自分は生きているんだという気持ちがわき、体がぽかぽかとしてきます。それは純粋なよろこびでした。ほんの数時間の出来事でしたが、私にとって一生忘れられない思い出です。

幸せのヒント 体験を買おう

　モノではなく、体験や思い出を買いましょう。

　ブリティッシュ・コロンビア大学のエリザベス・ダン教授と
ハーバード大学のマイケル・ノートン教授の研究によれば、幸せ
を買いたければ、モノよりも体験に投資したほうが賢いようです。
　彼らはこう語ります。「研究を重ねた結果、人々は体験にお金
を払ったことを思い起こしたときに、『いいお金の使い方をした』
と満足な気分になることがわかりました」

「自分が幸せになるために買ったものを比べてみてください」と
人々にたずねたとします。一方は何か具体的なモノ（たとえば
iPhone や自動車）、もう一方は体験（旅行など）です。そして、
「どちらの買い物が自分をより幸せにしましたか」とたずねれば、
57 パーセントの人が体験と答え、34 パーセントが具体的なモノ
と答えるでしょう。

　体験を買うことは幸福度を高めます。とくに、その体験がほか
の人との関係を親密にしたり、その人たちが自分にとってとても
重要であるほど、幸福度はさらに高まります。

・ブータンは 1970 年代から、「国民総幸福量」に基づく政策を採
り続ける「幸せの国」です。幸福の研究者である私がこの国を訪
れれば、みなさんよりも大きなよろこびを得られるでしょう。な
ぜなら、それは私の存在意義につながる重要な体験だからです。

　体験は投資だと考えましょう。体験することで、「幸せな思い
出」や「自分自身の人格形成」に投資することができます。

幸せのヒント 「でっかいプロジェクト」に取り組もう

　人生という壮大な旅の一部となるような体験を買うようにしましょう。一生を通じ、情熱をもって取り組める"何か"です。たとえば、「世界一の"青色研究家"になる」というプロジェクトはどうでしょう。

　世界一の青色研究家になるには、さまざまな観点から青色を見なくてはなりません。

　歴史的観点（英語では「貴族の血筋」をなぜブルー・ブラッドと呼ぶのか）とか、科学的観点（空はなぜ青いのか）とか。解剖学的観点（ヒトの視覚は何種類の青色を見分けられるか）や遺伝学的観点（青い目がまれなのはどうしてか）も欠かせません。
　写真家の観点からは、日の出前や日没後に空が濃い青に染まる時間帯（ブルーアワー）がどうして魅惑的なのかを追求する必要があります。青は英語では blue（ブルー）、ドイツ語では blau（ブラウ）、フランス語では bleu（ブル）と似通っているのに、スペイン語では azul（アズリ）、ポーランド語では niebieski（ニエビエスキ）、フィンランド語では sininen（シニネン）というのか——言語学的な観点も忘れずに！

　青色研究家として、お金をためて訪れる場所はどこがいいか、想像してみてください。
　モロッコ北部のリフ山脈にある、「シェフシャウエン」という青一色の街や、エチオピアの青ナイル川、もしくはオーストラリアのブルーマウンテンズもいいですね。生い茂るユーカリの木に含まれる化学物質で山全体に青い霧がかかったように見えることから、この名前がついたそうです。

　こうした体験は、職業以上に自分のアイデンティティの一部になるでしょう。

幸せだから
お金を引き寄せる

最後に、お金と幸せの関係について発想を変えてみましょう。お金が幸福度を上げるだけでなく、逆に、幸せだから収入アップにつながるという可能性もあるのです。

少なくとも、ヤン・エマニュエル・デ・ネーブ博士とアンドリュー・オズワルド教授の研究結果ではそのように示されました。
ヤン・エマニュエルはオックスフォード大学サイード・ビジネススクールで経済学と戦略を担当する准教授です。

「グラフの見方をまちがえていたようだな」と、ヤンは言います。
「幸福が収入の関数であるかのように見ていたけれども、もしこれがまちがいだったらどうだろう。逆の関係だったとしたら……」

「証明するには10年以上、何千人もの追跡調査が必要ですよ」と私。
「証明できるとも。アド・ヘルス・データを使えば」とヤン。
アド・ヘルス・データは全米で大規模に行なわれている、全米のサンプル人口に対する長期の追跡調査で、ポジティブな出来事がもたらす影響、人生満足度、そして収入といったデータが含まれています。

「幼いときの幸福度レベルから、のちの人生での収入を予測できるんだよ」とヤンは言いました。
「それは、より長く教育を受けて収入が高い親からは幸福度の高い子どもたちが育って、しかもそういった親たちは子どもを大学にちゃんと進学させるから、その子たちは大人になってから高収入を得るっていう話じゃないですか?」

私はそうたずね、相手の急所を突いた気になりました。

116

「そう、それがミソなんだ」と言ってヤンはにっこりと笑い、声をひ
そめてこう言うのです。
「研究対象にはきょうだいが何千組もいるから、親の影響を除外する
ことができる。きょうだいのうちでも幸福度の高かったほうが、あと
で収入も高くなっているんだよ」

　結果は歴然です。研究では、22 歳の時点で、0 〜 5 までの幸福度ス
ケールの中で 1 ポイント高いと、7 年後の年収が 2,000 ドル（約 22 万
円）高くなるという結果が示されました。幸福な人たちは、学位を取
得し、仕事を見つけ、昇給する可能性が高いようです。
　この研究結果には、教育水準、知能指数、身体的な健康、身長、自
尊心、のちの幸福度といった対照項目が含まれており、データの信頼
性は非常に高いものでした。

　ヤンたちの研究は、子どもたちが主観的に幸福であることの重要性
を示しています。そして私には、ヤンがこの事実を教えてくれたとき
にもったいぶった言い方をした理由もわかりました。この知見が子ど
もたちの手に渡ったら、大変なことが起きてしまいます。
「パパ、宿題なんてやらなくていいんだよ。お菓子をちょうだい。幸
せにならなきゃ、将来の稼ぎが危うくなっちゃうかもしれないで
しょ」なんてことになりかねませんからね。

「お金」についての
世界各国のユニークな考え方

社会へ投資する
北欧諸国：高レベルの課税を一般市民が受け入れ、協力することは、生活の質への還元を意味する。38ページを参照。

「お金をかけずに人生を充実させる」実験
イギリス：ミシェル・マクガーは、1年間を最低限の消費のみで過ごす実験を行なって、お金をかけずに人生を楽しむ方法を模索した。98ページを参照。

「ギビング・プレッジ」
アメリカ：ギビング・プレッジ（寄付誓約宣言）は、大富豪のウォーレン・バフェットとビル・ゲイツ夫妻が始めた慈善活動。世界の大富豪たちに財産の大半を寄付するよう勧め、貧困対策からヘルスケア・教育の充実まで、社会問題の解決を支援することを目的としている。今日では、15以上の国から200近くの億万長者がこの活動に参加している。

超貧困対策プログラム
バングラデシュ、パブナ県：非政府組織である「BRAC」は、住民を取りまとめてお金を貯蓄し、起業させたり、地域問題の解決に役立てたりして、貧困からの脱却を支援している。

「ロビン・フッド・レストラン」
スペイン、マドリード：慈善団体「メンサヘロス・デ・ラ・パズ＝平和のメッセージ」により設立。昼間はふつうのレストランだが、夜になると、ホームレスの人たちが無料で食事ができる場所になる。テーブルには花が飾られ、食器類も整っている。朝食と昼食で客が支払った料金を、無料の夕食の資金源にしている。

「リーチング・アウト・ベトナム」
ベトナム、ホイアン：障害者がスキルを習得して有意義な雇用を得る機会を提供し、コミュニティの一員となって、自立して満ち足りた人生を歩めるよう支援している団体。フェアトレードのギフトショップでは、ベトナムの障害者がつくる商品を販売しており、収益は障害者の職業訓練や就職支援事業に還元される。

CHAPTER 5

HEALTH
心も体も
満たされる方法

すべての人が願うこと

どの国でも、どの文化圏でも、すべての親が子どもに対して願うのは、「健康であってほしい」ということのよう。健康でいれば、遊びも、冒険も、幸せを追求することだってできます。

ハピネス・リサーチ研究所では、医療系コンサルティング企業「LEO イノベーション・ラボ」と共同で、乾癬（慢性的で再発性の皮膚炎症疾患）が幸福に与える影響を調査しています。

今、これを書いている時点では、「PsoHappy」と呼ばれるこのプロジェクトに、世界 40 カ国以上から 5 万人近い人々のデータが集まっています。その結果、どの国においても、乾癬を患っている人たちは、一般人に比べて幸福度が低いのです。

幸せの研究者である私が思うに、生活の質を向上させる決め手となる政策は「国民皆保険制度」以外にはありません。

北欧諸国がつねに、世界でもっとも幸福な国のトップ 10 にランキング入りしているのはなぜか？　だれもが無料で医療サービスを受けられるからです。

日常生活において医療面での心配が少ないこと、それが高い幸福度の確固たる基盤となっているのです。

アメリカの上院議員、バーニー・サンダースはこう述べています。

「デンマークでは、『自由』という言葉の意味が非常に異なっている。かの国では、経済不安からくる人々の不安を解消するために、多大な努力をしてきた。少数の者が巨大な富をにぎれるような制度を推し進めるのではなく、子どもからお年寄り、障害者も含めて、すべての人に安定した最低生活水準を保障する制度をつくったのだ」

アメリカのテレビドラマ『ブレイキング・バッド』は、教師であるウォルター・ホワイトが、がんの治療費を払うために麻薬王になるという話ですが、北欧人にはバカバカしいと受け取られるでしょうね。

アメリカは基本的な医療ですら非常に高額な国ですから、このようなドラマが成り立つのかもしれません。しかし、北欧のドラマだとしたら、主人公に医師がこう言っておしまいです。「ではウォルターさん、こちらが治療計画です。来月5日にまた来てくださいね」

幸せと健康の間には逆の関係もあります。その人の幸福度が高いほど、将来の身体的な健康も良好だと予測ができるのです。

2012年の世界幸福度調査では、次のように発表されました。

> 医学文献では、幸福度スコアの低さと、のちの心疾患や脳卒中の罹患率、寿命との間に高い関連性が見つかっている。ポジティブな人ほど、神経内分泌（ホルモンの制御機構）、抗炎症作用、心血管の活動が高い。ポジティブな人は、風邪のウイルスにさらされたときでも風邪をひきにくく、ひいても回復が早い。

また、ロンドン大学ユニバーシティ・カレッジ・ロンドン（UCL）のアンドリュー・ステップトウとジェーン・ワードルが行なった研究があります。ステップトウはUCLの疫学・健康政策学研究所に勤める心理学教授、ワードルは健康行動リサーチセンターの臨床心理学教授です。

彼らは5年間にわたり、被験者の幸福度を調べました。52歳から79歳まで、約4,000人のイギリス人を対象にしたものです。被験者は幸福度によって3つの群に分けられました。

そして調査の結果、もっとも幸福度の高い群は、死亡率が34パーセントも低いことがわかりました。

この研究結果にしたがえば、幸せなデンマーク人は世界一の長寿国になってもおかしくないはずですが……。

その栄冠は日本が勝ち取っています。

デンマークは27位。アメリカ人より1年ちょっと長生きしますが、イギリス人よりも半年ほど短いのです。さらに、北欧諸国の中ではデンマーク人がいちばん早死にします。

一般的にいって、デンマーク人は喫煙率も高いし、お酒もたくさん飲みます。食事では肉や砂糖もたっぷり。どれも、健康長寿とは相容れないものばかりですね。

平均寿命（年）

日本	83.7
スイス	83.4
シンガポール	83.1
オーストラリア	82.8
スペイン	82.8
アイスランド	82.7
イタリア	82.7
イスラエル	82.6
スウェーデン	82.4
フランス	82.4
ノルウェー	81.8
イギリス	81.2
フィンランド	81.1
ポルトガル	81.1
ドイツ	81
デンマーク	80.6
アメリカ	79.3
ポーランド	77.5
ブラジル	75
ロシア	70.5
インド	68.5
シエラレオネ	50.1

出典：世界保健機関（2015年）

HEALTH ―― 心も体も満たされる方法　**125**

デンマーク文化の礎であり、デンマーク人の生き方を表す言葉、ヒュッゲ。シナモンロールと、ホイップクリームをのせたホットチョコレートを、罪悪感なく食べる——これが典型的なヒュッゲといっても過言ではありません。

ヒュッゲは幸せには効果があるかもしれませんが、必ずしも健康によいわけではないのです。

2016年、ヒュッゲが世界的なトレンドになったことで、焼き菓子やパンの需要が高まり、香辛料の世界市場にも影響が出たそうです。

ロンドンでスカンジナビア料理店を経営するジョナス・オーレルは、『フィナンシャル・タイムズ』紙のインタビューを受けて、「ヒュッゲ・ブームが来てからというもの、うちではケーキやパンの売り上げが3割も増えたんです」と答えました。

もうひとつ、別の疑問がわいてきます。お菓子を食べまくっているデンマーク人は、どうして肥満率ランキングで107位なのでしょう？（ちなみにイギリスは43位、アメリカは18位です）。

答えは簡単。デンマーク人はシナモンロールと運動のバランスを取っているから。

デンマーク人が全員、水泳やサイクリング、クロスカントリースキーの愛好家だというわけではありませんが、デンマーク人の31パーセントは少なくとも週に5時間以上運動しているという統計が、EUの統計局である「ユーロスタット（Eurostat）」から発表されています。

ご多分にもれず、デンマーク人もスポーツジム通いは嫌いです。では、どうしたらそんなに運動できるのでしょうか？

デンマーク人は
自転車が大好き

コペンハーゲンの街を初めて歩くときには、気をつけましょう。この街で自転車道を歩くのは、スペインの牛追い祭の真っ只中に飛びこむようなものですから。

コペンハーゲンでは、通勤・通学者の 45 パーセントが自転車を使います。そのほとんどは、サイクルパンツをはいてロードバイクでさっそうと走る本格派ではなく、単に何の変哲もない自転車で仕事に行っているだけの一般人です。

ハイヒールの人もいれば、スーツ姿の人もいます。私は去年の大みそかに、タキシードでママチャリに乗りましたよ。

コペンハーゲンは自転車ブームが到来中!!

　コペンハーゲンの自転車ブームは比較的最近始まったことですが、今や市の中心部では、車よりも自転車の数のほうが多くなりました。「デンマーク・サイクリング大使館」なるものが発足し、自転車に関するさまざまな統計を発表しています。ここにその一部を紹介しましょう。

デンマーク人の10人に9人が自転車を所有している

コペンハーゲンでは自転車の数が自動車の5倍

デンマーク国会議員の63パーセントが毎日、自転車で通勤する

コペンハーゲンでは児童の58パーセントが自転車通学。ちなみに自転車通学児童(10〜16歳)の全国平均は44パーセント

コペンハーゲンには合計450キロメートル以上の自転車道がある

こうした統計の数字よりも、実際に「ノアブロゲーデ」の朝のラッシュアワーを見てみれば一目瞭然でしょう。ノアブロゲーデはコペンハーゲンでもっとも自転車で混み合う通りです。

私も8年ほど、この道を通勤していました。毎朝、学生やビジネスパーソン、国会議員、そして「自転車練習中」の幼児までもが、この道を使っています。

みんなが群れをなして自転車に乗るのは、自転車を利用する人たちに好条件が与えられているからです。コペンハーゲンを訪れると、自転車利用者の利便のために市が多大な努力をしていることがわかるでしょう。

道ばたのゴミ箱は道に向けて傾いています。これは自転車に乗ったままスピードを落とさずに、コーヒーの紙コップをきちんと捨てられるように。信号待ちの間に足を休めるフットレストも設置されています。雪が降ったときは、車道よりも自転車道のほうが先に除雪されます。

ここでは自転車に乗る人は二流市民ではありません。それどころか、道路の王様・女王様のように扱ってもらえるのです。

幸せのヒント **自転車に乗ろう**

今週末は、自転車のほこりをはらってお出かけしましょう。

子どものころに自転車を乗り回していた人も多いでしょう。楽しかったですよね。もう一度、そのワクワクを取り戻してみませんか。

自転車に乗ったことがない人は、今こそチャレンジのときです。乗り方を教えてくれる人は、まわりにたくさんいますよ！

自転車を持っていなければ、だれかから借りましょう。レンタサイクルという手もあります。

自動車やバスや電車の代わりに、自転車を使う機会を見つけましょう。週末に遠乗りに出かけるのもいいですね。

もっと「体にいい生活」を始めよう

　人の健康には体重だけがかかわっているのではありませんが、サイクリングは明らかにダイエットに効きます。また、病気の予防にとってもポジティブなデータが続々と発表されています。

　グラスゴー大学が 2017 年に発表した新しい論文によると、自転車通勤は非活動的な通勤に比べて、早死にするリスクが 41 パーセントも下がることがわかりました。

　たとえば、自転車通勤者はがんの罹患率が 45 パーセント低く、心疾患のリスクも 46 パーセント低いそうです。

　この研究は厳密に行なわれたもので、「UK バイオバンク」の登録者 26 万人以上を 5 年間追跡調査したデータが用いられました。その 5 年間に発現した新たながん、心臓発作、そして死亡症例が検討され、参加者の通勤手段と相互参照されました。

　そしてこの研究結果は、サイクリングが健康におよぼす好影響を調べたデンマークのさまざまな研究と一致しています。

　たとえば、50 〜 65 歳の 5 万人以上のデンマーク人についての調査があります。参加者は 20 年にわたり追跡調査を受けました。

　調査開始時に自転車通勤をしていなかったけれども 5 年以内に自転車に乗り始めた人たちは、心臓病を患うリスクが受動的通勤者（非活動的な交通手段を利用する通勤者）に比べて 26 パーセント下回りました。

　50 歳を過ぎていても、健康的な生活習慣を始めるのに遅すぎることはない、ということです。

132

ほかのデンマークの研究でも、自転車通勤者は受動的通勤者に比べて死亡率が30パーセント低いことがわかりました。
　また、サイクリングはⅡ型糖尿病、骨粗鬆症、うつ病の予防効果があると示されています。

　イギリス医師会では、自転車事故の確率よりも、サイクリング運動による延命効果のほうが20倍も勝るという研究結果を発表しています。
　もちろん事故はなくなりませんが、コペンハーゲンにおける自転車事故での死傷者は、走行距離440万キロメートルにつきひとりです。これは地球を110周するのと同じ距離です！

　サイクリングは人々をよりアクティブに、より健康に、ひいては、より幸せにもしてくれるのです。これは短期的・長期的な幸せのどちらにもいえることです。

人々の寿命が延び、お腹まわりが細くなるのに加え、自転車を使うと、渋滞や大気汚染、騒音が減り、自治体の財政も改善されます。

　コペンハーゲン市当局は、自転車と車での移動の影響を調査しました。その結果、大気汚染、事故、渋滞、騒音、インフラの消耗をそれぞれの移動手段の場合で比べると、自転車を使ったほうが自動車に比べ、移動距離1キロメートルあたり0.45クローネ（約7円）が市にとって節約になることがわかりました。

　首都では年間4億キロメートルもの移動距離があるわけですから、まさに「ちりも積もれば山となる」ですね。

　雑誌『MONOCLE（モノクル）』の「世界の住みやすい都市ランキング」でトップを競う都市は、ほとんどが「自転車にやさしい都市ランキング」にもランクインしています。

　これは偶然の一致ではありません。コペンハーゲンをはじめ、ドイツのベルリン、オーストリアのウィーン、スウェーデンのストックホルムなどが、このカテゴリーに入ります。

　そしてコペンハーゲン市民の3分の2は、「自転車は街の雰囲気にとてもいい影響を与えている」と考えています。

　もっとも、大半のデンマーク人にとって、そんなことはあまり重要ではありません。

　私たちが自転車に乗るのは、健康になりたいからでも、渋滞を解消するためでも、市の財政のためでも、地球環境のためでもありません。楽だし便利だから。ただそれだけなのです。

「人にやさしい街」コロンビア・ボゴタの
画期的な取り組み

「ボゴタが成功したといえるのは、財政が豊かなときではなく、市民が幸せなときであります。自転車に乗りやすい、そして歩きやすい環境を整えるのは、人間の尊厳を尊重することにつながります。市民にこう言っているのと同じです。『みなさんひとりひとりが大事ですよ。お金持ちだからではなく、人間だからですよ』とね。

大切で、神聖で、平等な人々としての扱いを受けると、市民はそれに見合った言動をとります。鳥が空を飛ばなければならないように、人間は歩かなければならないのです。公共スペースをつくることは、平等な社会のみならず、より幸福な社会をつくる、ひとつの手段であります」

これは、クアラルンプールの国際会議で出会ったギジェルモ・ペニャロサのスピーチです。彼はコロンビアの首都ボゴタの元「公園・スポーツ・レクリエーション局長」です。

この熱いスピーチは聞き覚えがありました。何年か前に、同じ姓の男性から聞いたことがあったのです。
「ひょっとして、エンリケ・ペニャロサさんのご親戚ですか」とたずねてみると、ギジェルモはにっこりしてこう言いました。
「兄弟なんです」
エンリケはボゴタ市長で、兄弟ともにウォーキングとサイクリング、公共スペースに対して、コペンハーゲン市民顔負けの情熱を持っています。

幸せへの最大の障害は、劣等感や疎外感です。優れた都市は、市民にそういった気持を感じさせません。
「先進国というのは、貧しい人が車を持つところではありません。お金持ちが公共交通機関を利用するところです。お金持ちが歩くところ、

自転車に乗るところです。お金持ちも貧しい人も平等に、公園や歩道、公共交通機関で顔を合わせる街づくりをするべきなのです」

　美しい公園、自転車専用道路、人が歩ける道路といった、よい公共スペースは、都市や社会を均一化する「社会のミキサー」のような役割を果たす、というのが彼の言いたいことです。
　人々は通常、社会的な階層に固定され、代わりばえしない条件のもとで人と接しています。職場では上司か部下、レストランでは、給仕される側か、する側といったように。

　ボゴタで生まれた取り組みのひとつが「シクロヴィア（Ciclovía）」です。毎週日曜日に、市内の計100キロメートル以上の道路で車は通行禁止になります。代わりに、歩いたり、自転車に乗ったり、遊んだりできるエリアに早変わり。つまり歩行者天国ですね。100万人以上が、これを利用しているそうです。
　この取り組みは世界中のあちこちの都市に広がり、日常生活で運動量を上げる、小さな一歩となっています。

簡単にできる！　ウォーキングの習慣づくり

　スポーツジムに行かなくても大丈夫。ちょっとしたことで運動量を上げられる10の方法を紹介しましょう。人とのつながりも深められる、一石二鳥の方法です。

1 エスカレーターを使わない。

2 会社の同僚に内線をかけたりメールを送ったりする代わりに、机まで歩いていって話す。

3 ウォーキング仲間を見つける。仲間と歩くことが、毎日歩こうという強いモチベーションになる。とくに天気が思わしくないときや、ついサボりたくなったときに有効。

4 景色のよい道を選ぶ。近道でなく、景色のよい道を教えてくれるアプリがある（「Field Trip」などの散歩アプリを試そう）。

5 たとえば毎週水曜日は、夕食のあとに家族や友だち、あるいはひとりで散歩に出かける日と決める。

10 ウォーキングやハイキングのサークルに入る。まわりの地域にウォーキングサークルがあるか探してみよう。なければご近所さんに、サークルを始めたいけれどもどうですか、と聞いてみよう。

9 友だちとお茶をするのではなく、散歩する。もしくは、散歩しながらコーヒーを飲む。

8 じっと待つのでなく、歩きながら待つ。たとえば約束の時間より早く着いたら、その場で座って待つのではなく、まわりをぐるりとひと歩き。

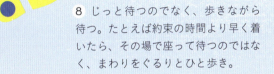

7 ポッドキャストを聴きながら歩く。ひとりで散歩をするときにぴったり。無料のポッドキャストも楽しいコンテンツがたくさんある。私のお気に入りはラジオ番組「ラジオラボ（RadioLab）」と、アメリカ国内の話題を取り上げる「ディス・アメリカン・ライフ（This American Life）」（どちらも英語音声）。

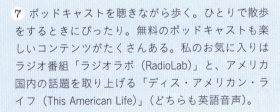

6 コイントス探検。近所なのに行ったことのない場所を探検するのにもってこいの遊び。散歩のルートもマンネリ化しがちなので、次回はコインをひとつ持っていき、道が分かれるところでコイントスをして、どちらに行くか決めていく。地域をよく知れば居心地がさらによくなるし、新しい場所を発見するきっかけになる。

幸せのヒント 毎日、もっと体を動かそう

日常のルーチンに、もっと体を動かすことを取り入れましょう。階段を使う、散歩しながら打ち合わせをする、スーパーマーケットに買い物に行くときは入口からなるべく遠くに車をとめる、などなど。

いちばん効果があるのは、通勤や通学、その他お出かけの際に自転車を使い始めることです。

ですが、あなたの街は自転車への対応ができていないかもしれません。気長な話になりますが、車ではなく人の通行のインフラに投資するよう、自治体にはたらきかけることが第一歩となるかもしれません。

しかし、短期的な解決策もあります。

デンマーク人がどの EU 諸国の国民よりも運動量が多い理由は、「それを運動ととらえていない」ことにあります。交通手段だと思っているわけです。

スポーツジムで汗を流すことよりも、ちょっとした運動をふだんの生活に組みこむことのほうが長続きします。

人間はこれでもかというくらい便利な世界を築いてきましたが、その流れに逆らってみましょう。

職場では座りっぱなし、エスカレーターでは立ちっぱなし、自動ドアをくぐり抜け、エレベーターを使い、スポーツジムには車で行く——そんな世界とはお別れです。

ハピネス・リサーチ研究所は、コペンハーゲン中心部の湖のほとりにあります。研究所が建っている側は車が少なく、騒音もありませんから、電話で長時間話すときには、湖のほとりを歩きながらできます。

　散歩しながら会議だってできますよ。私は従業員の年次査定をする代わりに、月ごとに面談を行ないますが、これをふたりで散歩しながらやるのです。

　カフェでコーヒーを注文するときは、1階からオフィスがある最上階の5階まで階段を上って戻ってきます。そのあとしばらくして降りていくと、ちょうどコーヒーができ上がっているというしくみ。1日に4杯もコーヒーを飲むので、それだけで毎週、200階分の階段を上る計算になります。

　たまにパソコンの前で2時間座りっぱなしということもありますが、そういうときには「罰」として腕立て伏せ25回を自分に課します。
　人に見られたら恥ずかしいでしょって？　ええ、恥ずかしいですよ。
　恥を忍んでもやる価値があると思うかって？　ええ、思いますね。

落ちこんだときは、
とにかく歩く！

　デンマーク人が自転車好きなのは、気分がよくなるから、ということも一部にあります。ウォーキングやサイクリングは、どちらも車の運転に比べて気持ちの切り換えに効果があるという研究結果が出ています。

　カナダのモントリオールにあるマギル大学の研究グループは、人の気分をもっともよくする交通手段を調べました。

　夏と冬の間、3,400人を対象に研究が行なわれ、自動車、バス、電車、地下鉄、自転車、徒歩の6つの交通手段で検討しました。
　研究者たちは、移動に関して複数の面から満足度を調べ、そこから、個々の交通手段における全体の満足度スコアを割り出しました。
　その結果、もっとも満足度が高かったのは徒歩で通勤する人たちで、バス通勤がもっとも満足度が低いということがわかりました。

　徒歩通勤できればいいけれど、通勤に3時間もかけられませんよ──そういう意見も当然あるでしょう。

幸いなことに、まさにその点についての研究をイーストアングリア大学とヨーク大学が行なっています。

　1万8,000人のイギリス人を対象に、18年間にわたって行なわれた研究が発表されました。「アクティブな通勤は心理的な充足感を向上させるか」という論文です。
　その結果、自動車から徒歩や自転車に変えた人たちは、通勤時間は長くなったものの、心理的な充足感が高まったことがわかりました。

　私は自転車で通勤中に、大きな公立公園の中を通ります。一年中通っていると、春の訪れを感じられます。桜の花が咲くと、よい香りがします。
　自転車に乗るほうが気分が高まる理由には、五感をより使うからかもしれません。緑を見て、風を感じ、花のにおいをかぐ——より生きてる感じがしますよね。

　ウォーキングは自動車の運転よりも体感的です。それは日本人が「森林浴」と呼ぶ活動で解説することができます。

心を癒やす森林浴

息を長く、深く吸いこむと、新鮮なしっとりした空気で肺が満たされます。木々の葉は早春のほんのつかの間だけ見せる色彩に染まり、若葉のすきまから陽の光がキラキラとこぼれます。そんな森の中をゆっくり、ゆったり歩いていきましょう。

ふと立ち止まって目を閉じると、聞こえるのは自分の息づかい、遠くの小鳥のさえずり、そして木々のざわめきだけです。

160年以上も前、アメリカの作家ヘンリー・D・ソローは『ウォールデン 森の生活』（小学館文庫など）という本で、日常生活に不平不満を感じる人々に、大自然に触れて元気になろうと呼びかけました。今日では、森林浴が同じような手法として流行るかもしれません。

森林浴とは、森の風情をたっぷり感じとり、自然の景色や香り、音を存分に浴び、心と体の健康をうながすことです。

この言葉は1982年につくり出されたものですが、今日でもたくさんの日本人が、全国48か所の「森林セラピー基地」や「セラピーロード」を歩き、自然の力を体に取りこんでいます。

森林浴ファンは、これはハイキングとは別物だといいます。森のすべてを感じ取り、五感を刺激するセラピーとしての側面が強いからです。

HEALTH ── 心も体も満たされる方法　**145**

東京にある日本医科大学の李卿教授は、森林浴の効果について研究し、森林浴が血中のコルチゾール（ストレスによって分泌されるホルモン）のレベルを低下させ、免疫を高めることを発見しました。

　森林浴は体の健康によいだけではないようです。
　エセックス大学の研究者たちは、自然の中で体を動かすことが気分にどのような影響を与えるかを調べました。
　イギリスで1,200人以上を対象に行なわれた10通りの研究を調査した結果、里山の道を歩くカントリー・ウォークや、セーリング、ガーデニングなどの活動に参加することが、参加者の気分や自尊心によい影響を与えることがわかりました。

　このように、自然の中で過ごすことが心身の健康によいということが、あちこちで実証されているのです。

　イギリスでは、ロンドン・スクール・オブ・エコノミクスの研究の一環として、「マッピネス・プロジェクト（Mappiness Project）」が進められています。これはイギリス中、ひいては世界中の「幸福地図」をつくる試み。
　緑豊かな丘陵が美しいことはだれの目にも明らかだけれども、それがどのくらい美しいのかを知りたい、というプロジェクトです。

　よい環境が私たちの気分をよくしてくれることの、「定量的なエビデンス」とはどのようなものでしょうか？
　このプロジェクトでは、個々のリアルタイムでの経験を用います。研究者が1日に1回（もしくは複数回）電話をかけ、今どんな気分か、気分を左右する基本的要素、たとえばだれといるか、どこにいるか、何をしているか、などといったことをたずねるのです（外にいるときは写真を撮って送ってもよいそうです）。

このプロジェクトではすでに、6万5,000人から延べ350万以上の回答が集まりました。その結果、室外にいるときのほうが平均して幸福度が高いこと、また都市環境よりも緑の多い場所や自然生息環境にいるほうが大幅に幸福度が高いことがわかっています。

要するに、「自然は人の健康と幸福にプラスの効果を与える」というエビデンスがますます増えているのです。

実際、森林浴と最近注目されつつあるマインドフルネス（「今、ここ」に意識を集中し、精神的な平安を得る手法のこと）には、よく似た点がたくさんあるように、私には思えます。

幸せのヒント　野山へあいさつに出かけよう

1年を通じ、同じ場所をたびたび訪れてみましょう。行くたびに移り変わる風景をよく観察してみましょう。

森を見つけ、探索します。ゆっくり心を落ち着けて、インスタ映えするのはどこかな、なんて考えないこと。
その代わり、木の葉が風にざわめく音を聴き、木もれ日がきらめくようすをながめ、大きく息を吸って、どんな香りがするか感じ取ってみてください。
年に何回か、同じ場所へ行くようにすると、季節による変化を味わうことができますよ。季節の節目に、自然にごあいさつにいくのです。ひとりでも、だれかと一緒でもいいですね。

「幸せの国」
ブータンの生活術

ブータンの学校では、「ブレイン・ブラッシング」という短いマインドフルネス瞑想をする時間を、始業前と下校前に設けているところがあります。

マインドフルネスの実践は、「人間は永遠の幸福を追求するがゆえに苦しみに陥る」という仏教の教えに由来します。

人々は諸行無常を嘆きますが、そもそも「永遠の〇〇」を求める心が苦しみを招くのです。〇〇には、あなたが「失いたくない」と切望するものが入ります。

これに対し、マインドフルネスは「今このとき」に自分を置き、今のこの場所、この瞬間に集中し、そして自分を愛し、いつくしむ心の技法です。

人は「未来」や「過去」のことばかり考えてクヨクヨしがちですが、マインドフルネスでは「今現在」のことだけを考えます。

ブータンは経済的な規模をあらわす国民総生産（GNP）ではなく、国民総幸福量（GNH）を上げるさまざまな取り組みを行なっています。だから、国そのものが幸せの研究所のようなものですね。

そうした試みのひとつが、ブータン教育省とペンシルベニア大学の研究者チームが共同で行なう「GNHカリキュラム」です。これは中学・高校の生徒を対象として、学業と関係がない10項目の「人生のスキル」に的を絞ったものです。

この人生のスキルのひとつに、マインドフルネスがあります。

この研究には 8,000 人以上の生徒が参加しました。
　研究者は参加校を無作為に振り分け、片方を GNH カリキュラムを 15 カ月間受講する実験群、もう片方を同期間にプラシーボ（見せかけ）の GNH カリキュラムを受講する対照群としました。

　そしてふたつの仮説について検討しました。
　ひとつは、GNH カリキュラムが幸福度のレベルを上げるかどうか。もうひとつは、幸福度が上がると学力も向上するかどうかです。

　その結果、GNH カリキュラムは生徒の幸福度を大幅に上げ、学力も向上させることがわかりました。

「心の不調」を隠さないで

体の健康と心の健康は表裏一体であるのに、心の健康＝メンタルヘルスの重要性はいまだに見落とされています。そして残念なことに、精神疾患はいまだに、タブーとして扱われがちです。

ある日、若い韓国人の男性から取材を受けたときのこと。
私がハピネス・リサーチ研究所を創立した理由のひとつは、親友が突然、49歳で亡くなったことだと話しました。母も同じ年齢で亡くなっていたので、意味のある偶然に思えました。

もしも自分が49歳までしか生きられないとしたら、これからの年月をどう過ごすだろうか。そのときにしていた、大しておもしろくもない仕事を続けるか、リスクが高くても何かとても楽しいことを始めるか。

ここまで話したところで、韓国人男性は、じつは自分の母親も49歳で亡くなったのだと教えてくれました。原因はうつ病だったそうです。韓国はOECD諸国でもっとも自殺率が高く、うつ病の罹患率も高い国です。

うつは病気ですが、治療が可能です。悲しいことに、多くの国々と同様、韓国でも精神疾患には社会的に悪いイメージがあり、治療をためらう人が多いのです。適切な治療がなされないことは、ときに悲惨な結末を招く要因となっています。

OECDの28カ国の中で、韓国は抗うつ薬の消費量で27位、デンマークは7位です。これは、デンマーク人のほうが韓国人よりもうつ病の罹患率が高いということではなく、何かしらの治療を受けているということを意味します。

薬物がうつ病治療の最善策かどうかはさておき、精神疾患の治療を手頃な価格で受けられる社会は、恵まれた社会だといえます。そして、精神疾患に対する偏見が少なく、人々が治療を受けることに抵抗を感じない社会は、もっとよい社会です。

　精神疾患にまつわる悪いイメージを払拭するためには、人々の声に耳を傾け、学ぶ必要があります。
　誤解や偏見を絶たなくてはなりません。精神疾患について、陰でコソコソ話すのをやめなくてはなりません。沈黙の中で苦しむ人がひとりもいなくなるように。

　精神疾患のタブーを打ち破ろうとする、尊敬すべき人たちもいます。

　何年か前、デンマークの作家やモデル、映画監督のグループが国営放送のシリーズ番組に出演して、自分が向き合ってきた精神疾患について赤裸々に語りました。

　最近ではイギリス王室のヘンリー王子も、みずから直面した苦難をオープンに語っています。「完全な神経衰弱寸前に何度も陥りましたよ」と王子は言い、今では、苦しいときには助けを求めよう、メンタルヘルスの話題を当たり前のものにしよう、と呼びかけています。

　2017年、王子は『テレグラフ』紙にこう語りました。
「僕の経験では、ひとたびこの話を始めると、じつは（ほかにも同じ経験をしたという人がたくさんいて）自分はとても大きなクラブの一員だということに気づくんです」

　こうした活動のおかげもあって、メンタルヘルスの悪いイメージを払拭し、意識を高めることにおいては、イギリスが１位、デンマークは３位となっています。これは「エコノミスト・インテリジェンス・ユニット」調べの「メンタルヘルス統合インデックス」によるデータです。

HEALTH ── 心も体も満たされる方法　**151**

　さて、ここで私もひとこと、お伝えすることがあります。じつは、私の母もうつ病で苦しんでいました。オープンにしない理由はどこにもありません。

　韓国でも明るいきざしが見えています。母を亡くしたあの若者が現在、国内でうつ病に対する意識を高め、オープンにする活動をする「ステラ財団」の先頭に立ってがんばっているのです。

　彼は、韓国の仮面が３つあしらわれた額縁を私にくれました。仮面の裏に隠れることにあらがう、闘いのシンボルなのだそうです。この額縁は今、私の仕事部屋のデスク脇に飾られています。

幸せのヒント　相手の心の声に耳を傾けよう

　今度、だれかに「元気？」とたずねるときは、その人の答えに本気で興味を持ちましょう。「元気だよ」という答えをうのみにしてはいけません。

　イギリスのメンタルヘルス財団によれば、国内の成人の半数近くが、これまでの人生でメンタルヘルスの問題を抱えたことがあったと感じています。ところが、実際に診断を受けたのは、その3分の1程度。さらには、毎週6人に1人の成人が、不安や憂うつなど、よくあるメンタルの不調を経験しています。

　友だちや家族、同僚に、「で、本当のところはどう？」と聞くことを恐れないでください。そして、うわべの答えで安心しないでください。

　MentalHealth.gov（アメリカの保険社会福祉省が運営しています）のウェブサイトには、友人や家族とメンタルヘルスの会話をするためのアドバイスが、たくさん載っています。そうしたデリケートな話題を切り出す方法を教えてくれるのです。

　たとえば「あなたのことが心配なの。何が起きているか、話してくれる？　気が進まないなら、話す気になれる相手はいますか？　何か困ったことがある？　助けを探すのに、私にできることはある？」といった具合です。

　もしくは、「私はあなたを気にかけてるの。話を聞かせてくれない？　今の気分について、何か伝えたいことはない？」などと言ってもよいでしょう。

「健康」への世界各国の取り組み

通勤を運動にする
コペンハーゲン： この街では、通勤・通学者の 45 パーセントが自転車を使う。デンマーク人がスポーツジムに行かないのに運動量が多いひとつの理由。127 ページを参照。

シクロヴィア
コロンビア、ボゴタ： 毎週日曜日に計 100 キロメートル以上の道路で自動車が通行止めになり、歩いたり、自転車に乗ったり、遊んだりできるようになる。100 万人以上がこれを利用する。136 ページを参照。

森林浴
日本： 自然の景色や香り、音などを「浴びる」ことで、心と体の健康をうながす。145 ページを参照。

ブレイン・ブラッシング
ブータン： 始業前と下校前に静かな時間を設け、生徒と先生が短いマインドフルネス瞑想を行なって、幸せと学力の向上を目指す。148 ページを参照。

精神疾患への悪いイメージを減らす

イギリス：メンタルヘルスに対する悪いイメージを減らし、意識を向上させるということでは、イギリスが世界で第1位。最近、イギリス王室が開始したキャンペーンでは、有名人らがうつや不安についての経験を語る動画が作成されている。すべての国において道のりは遠いが、イギリスのこうした活動は正しい方向への第一歩となっている。151ページを参照。

風光明媚なルート

アメリカ：「Yahoo! ラボ」の研究者たちは、自分のいる場所から目的地まで、もっとも快適で楽しめる道順を割り出すアルゴリズムを開発した。たとえば、ボストンのある家から州会議事堂まで、最速ルートだと車の多い道路を通ることになるが、たった2分移動時間が長くなるだけで、もっと閑静なエリアを通って、市内の観光名所の数々も楽しめる。

スポーツ・キャンディー

アイスランド、レイキャビク：「レイジータウン」というテレビ番組では、フルーツと野菜だけを食べる主人公が、子どもたちに外で運動し、健康的な食事をとろうと誘う。対する悪役は、怠け者でジャンクフードばかり食べている。アイスランドの大手スーパーマーケットの協賛で、フルーツや野菜に「スポーツ・キャンディー」（番組に出てくるアイテム）のシールを張ったところ、フルーツと野菜の売り上げが22パーセントもアップした。

CHAPTER 6

FREEDOM
「本当に大切なもの」
を見つけよう

「選べる」という豊かさ

　質問をひとつさせてください——「今の自分の生き方は"自由に選べる"と思っていますか。それとも選択肢がないと思いますか」。人生の選択の自由があること、つまり自分の運命を自分で決められると感じることは、必ず幸せとリンクします。

　2012年度の世界幸福度調査には、「自分の人生の進路をみずからが選んでいると感じなければ、本当に幸せにはなれない」と書かれています。また、選択の自由は「幸せのカギをにぎる6つの要素」のひとつだ、とも述べています。

　デンマークでは、表現の自由も、集会の自由も、そしてだれとでも好きな人と結婚する自由もあります。もちろん、相手がイエスと言ってくれたらですけどね！

　世界の人々の自由度の状況を示す「人類の自由度指数」の2015年度版によれば、デンマークは4位で、トップは上から香港、スイス、フィンランドだそうです（訳注：日本は28位）。ちなみに、イギリスは9位、アメリカは20位、ロシアは111位、中国は132位、サウジアラビアが141位、そして最下位の152位はイランです。

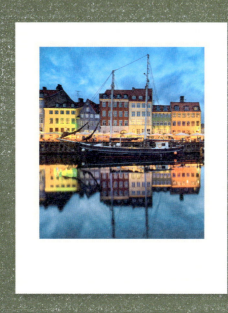

自分の人生の進路を
みずからが選んでいると感じなければ、
本当に幸福にはなれない

2012年度 世界幸福度調査

この指標は、「行動の自由」「集会の自由」「表現の自由」などの基本的な権利を考慮していますが、ほかにも宗教の自主性、メディアコンテンツの自由、同性カップルへの待遇や、離婚、平等な相続権など、全部で70以上の指標が含まれています。

　しかし私は、人類の自由度指数はひとつの重要な要素を見過ごしていると考えます。
　それは「時間」――すべての人が平等に持っているものです。毎日、ひとりひとりに1,440分が与えられます。毎週168時間あります。
　でも、この時間の使い方については、自由度がかなり異なるのです。

　このCHAPTERでは、私たちの自由や時間の使い方に影響を与える3つのこと、つまり「職場」「家庭」「通勤時間」をもとにして、自由に幸せを満喫している人から学ぶべき教えを探っていきます。

FREEDOM ――「本当に大切なもの」を見つけよう　**161**

残業のない国
デンマーク

―――――――

「生活の質の向上という点では、コペンハーゲンに引っ越したことは
ベストの決断でしたね」

　ケイトと夫のサイモンは、5年前に最初の子どもとともにロンドン
から越してきました。サイモンにデンマークでの仕事の依頼があった
からです。その後、家族は4人に増えました。

　思い切った決断でした。ケイトはロンドンでの高給の仕事を辞めて
きたのです。のちにコペンハーゲンで通信関連の仕事を見つけること
ができましたが……。
　最初は子育てに集中しようと思いました。サイモンもケイトも、デ
ンマークは初めてだったからです。

「ロンドンの日常はとにかくうんざりでしたね。残業の多さにうんざ
り。通勤時間の長さにもうんざり。週末に時間ができても、ふたりと
もどこかよそよそしい感じでした。それにも嫌気がさしていましたね。
私は早く寝てしまうし、サイモンは遅くまで仕事をしていて、顔を合
わせない日だってありましたし」

　デンマークに住む外国人がみな、口をそろえて言う言葉があるとす
れば、それは「ワーク・ライフ・バランス」です。

「ここでは、時間へのアプローチが根本的にちがいますね。家族が毎
日、一緒に食事をする時間が大切にされているでしょう。ロンドンに
いたほうが収入はもっと高かったかもしれないけれど、自由にできる
時間ははるかに少なかったから」

162

外国から越してきた人たちにとっていちばん大きな変化は、まさに
ワーク・ライフ・バランスの変化だといいます。
　彼らに言わせると、デンマークの職場は午後5時を過ぎると遺体安
置所のように静かだといいます。週末に仕事をしようものなら、デン
マーク人から頭のおかしい人かと思われるでしょう。

「イギリスとデンマークの職場文化の大きなちがいは、当たり前のよ
うに自由時間に価値が置かれること。家族や友だちとの時間が大切だ
から、夕方4時か5時には退社。なんの言い訳も必要ない。先週は5
時に退社して、自転車で家に帰ったの。もう完全にデンマーク人みた
いでしょう？　20分後には家に着いたわ。サイモンが娘たちを迎え
にいったあと、夕食の支度をしてくれています」

　スカンジナビアの概念は、子づくりはふたりでするものだから、子
育てもふたりの平等の責任であるべきだ、ということ。

「同僚の男性が、夕方4時のミーティングには出られませんって言う
のにおどろきました。子どもを迎えにいかなくてはならないから。男
性がですよ！　ロンドンではありえないことです」

　ケイトの体験は、データにもあらわれています。
　OECDによれば、労働者1人あたりの平均年間実労働時間は、デン
マークでは1,457時間。イギリスでは1,674時間、アメリカでは1,790
時間で、OECDの平均は1,766時間です（訳注：日本は1,719時間）。

　また、デンマークの職場は柔軟性が高く、在宅勤務をしたり、就業
開始時間を選んだりできます。大事なのは納期に間に合わせることや
会議に時間どおり出ることであって、いつ、どこで仕事をするかはあ
まり問題ではありません。加えて、すべての従業員が最低で年5週間
の有給休暇を取得できます。

FREEDOM ——「本当に大切なもの」を見つけよう　**163**

ワーク・ライフ・バランスの取れている国

1位　オランダ	14位　エストニア	27位　チリ
2位　デンマーク	15位　イタリア	28位　ニュージーランド
3位　フランス	16位　チェコ	29位　ブラジル
4位　スペイン	17位　スイス	30位　アメリカ
5位　ベルギー	18位　スロバキア	31位　オーストラリア
6位　ノルウェー	19位　スロベニア	32位　南アフリカ
7位　スウェーデン	20位　ギリシャ	33位　アイスランド
8位　ドイツ	21位　カナダ	34位　日本
9位　ロシア	22位　オーストリア	35位　イスラエル
10位　アイルランド	23位　ポルトガル	36位　韓国
11位　ルクセンブルク	24位　ポーランド	37位　メキシコ
12位　フィンランド	25位　ラトビア	38位　トルコ
13位　ハンガリー	26位　イギリス	

出典：OECD「よりよい暮らし指標」

　また、国の方針で、子ども1人につき52週間の出産・育児休暇が割り当てられており、これはカップルの間で分けて取ることができます。その配分は、給与の高低や、フルタイムかどうかなど、さまざまな要素によって異なります。

　しかし、無職であっても国から年間約1万8,000クローネ（約29万円）が支給されます。養育費にも補助がつきますから、親が払うのは子ども1人あたり約300ポンド（約4万円）だけです。

　ワーク・ライフ・バランスや家族に対する政策のよし悪しは、次の項で説明する「育児幸福度ギャップ」に大きくかかわってきます。

FREEDOM ── 「本当に大切なもの」を見つけよう **165**

「子どもを持つ」という選択

いうまでもなく、子どもはよろこびと愛の源ですが、ストレスやフラストレーション、心配の源にもなりえます。

自分の子どもを愛し、世界一の宝物だと信じることと、ストレスのない生活を送ることとは別物です。子どもは親の生きがいですが、親の自由が犠牲になることも多いでしょう。

それでは、子どもは親の幸せにどのような影響を与えるのでしょうか。

通常、幸福に関する研究では、「週末の予定？　決まってないよ。スタバにでも行こうかなあ、ドラマの録画でも見まくろうかなあ、飲みにいこうかなあ、小説でも書こうかなあ、まったりしようかなあ、スポーツジムで運動でもしようかなあ」などと言っている、子どものいない人たちに比べて、子どものいる親は幸福度が低いという結果が出ます。

これは「育児幸福度ギャップ」、もしくは「親ペナルティ」と呼ばれるものです。メディアはかつて、「子どもが親の幸せを奪う」とか「子どもがいると幸福度が下がると調査結果」などと見出しをつけて、おもしろおかしくネタにしたものでした。

でも、こういった話題がニュースに出るときはしばしば、大事なポイントが見落とされてしまうものだと私は思います。

第1に、子どもを持つことは、幸福度のある側面（全体的に見た人生満足度など）において自由を奪うかもしれませんが、ほかの側面でポジティブな影響を与えることがわかっています。それは、人生の目的や意義につながる「ユーダイモニア」の側面です（25ページ参照）。

　第2に、子どもが与える影響は男女で異なります。伝統的に女性は子育ての責任や負担をより多く担ってきました。「親と幸福の地理学」という論文を書いた大学教授のルカ・スタンカによると、親ペナルティは女性のほうが65パーセントも高くなることがわかっています。

　第3に、子どもは年齢によって変わります。乳児を持つ親は睡眠不足になり、ストレスがたまりますが、50年後、親が介護施設に入ったときには、その子が支えになってくれるかもしれません。さらに、配偶者を亡くした人は、子どもがいることで人生の満足度にポジティブな影響があるという研究結果もあります。

「子どもがいると幸福度が下がる」といったような見出しは、ドキッとさせて記事を読ませようという意図がまる見えです。「子が幸福に与える影響は不透明。さまざまな幸福の側面と人生の動的関係の複雑さに依存」といったあいまいな見出しでは、だれも読んでくれませんものね。

「親ペナルティ」による人生満足度の減少率

子どもがいない状態を0（ゼロ）とした場合の
満足度の減少率は女性のほうが大きい

出典：ルカ・スタンカ「親と幸福の地理学：子どもは人を幸せにするか？その仕組みと理由」2016年度 世界幸福度調査 ローマ特別編集版

とはいえ、幼い子を持つ親の全体的な人生満足度は子どものいない同世代よりも低い、というデータは確かにあります。

ここで注目すべきは、国によって幸福度ギャップにかなりばらつきがあることです。

アメリカの親は、子どものいない同世代に比べて満足度が–12パーセントも低く、イギリスでは–8パーセント、デンマークでは–3パーセントです。

スウェーデンやノルウェーでは約2パーセント。これはプラスの2パーセントです。つまり、子どもがいるほうが、いないより幸せだということです。

スカンジナビア諸国はいつも「家族にやさしい国ランキング」の上位にいますが、「家族と仕事のバランス」においては、スウェーデンがデンマークを大きくリードしています。

たとえばスウェーデンの親は、12歳以下の子どもが病気になったときに在宅で看病する日を、年間60日も取ることができるのです。

テキサス大学で社会学を教えるジェニファー・グラス教授の研究チームは、育児幸福度ギャップと、それぞれの国の親の自由度のレベルを調べました。

研究では次のような質問をしました。「養育費は足りていますか？」「子どもが病気になったときに休みを取れますか？」「有給休暇はありますか？」——言い換えれば、親は仕事と家庭を両立させるだけのしくみと自由度を与えられていますか、という質問です。

その結果、幸福度ギャップは政策のちがいによってつくられることがわかりました。家族にやさしい政策が行なわれている国では、親ペナルティは解消されるのです。

ところで、ズバ抜けて幸福度が高いのはポルトガルの親たちです。それはなぜなのでしょうか？

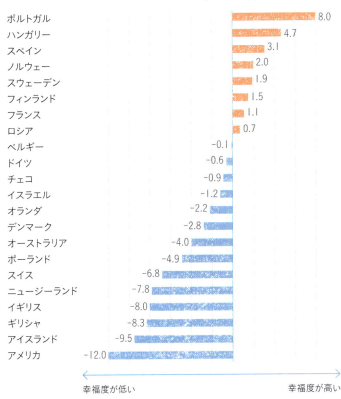

出典：「親と幸福：OECD22カ国における仕事と家族の両立政策の影響」グラス、サイモン、アンダーソン共著　2016年

ポルトガルでは、子どもの祖父母が親のサポーターとして、孫を育てる重要な役割を担っているのです。

　2005年以来、6,000人の子どもとその親・祖父母世代の日常生活を観察する調査によると、ポルトガルの祖父母たちは孫の世話をすることで子育て世代の支援をしていることがわかっています。
　とくに印象的なのは、「祖父母が子どもの教育の主要なパートナーを務めている」と答えた親が72パーセントもいること。宿題を見たり、課外活動の手助けをしたりしているそうです。
　子どもの通学につき添ったり、クラブ活動に連れていったり、一緒に料理をしたり、家事をしたりする大人が、親のみならず最大6人もいるわけです。当然、親にはより多くの自由と空き時間が生まれ、ひいては高いレベルの幸福度につながるのです。

　ジェニファー・グラス教授は『ニューヨーク・タイムズ』紙で、調査対象となった国はすべて、働く家族に対し、アメリカよりも幅広い支援策を講じていると語りました。

　この問題は、コメディアンのジョン・オリバーが司会を務めるアメリカのテレビ番組でも取り上げられました。
　番組では「母の日特集」が組まれ、オリバーは「出産後の母親に有給休暇を与える政策がないのはアメリカとパプアニューギニアの2カ国だけだ」と指摘。そして、アメリカが本当に母親たちを大切に思っているなら、年に一度のお祝いをするだけではなく、実際に生活を支援する政策を施行するべきだ、と主張しました。

　オリバーは皮肉をまじえてこう続けます。アメリカがこの問題を解決しないかぎり、母の日のメッセージはつまりこういうことだ──と。

「母親たちよ、すべてにありがとう。だけど、今年の母の日、世界中の母たちにたったひとこと、こう言いたい──つべこべ言わずに、さっさと仕事に戻りやがれ！」

幸せのヒント　**臨時の「おじいちゃん・おばあちゃん」を
つくる**

　世代を越えた人間関係は、みんなに恩恵をもたらします。高齢
者で友だちになれる人はいないか、「臨時の祖父母」になれる人
はいないか、考えてみましょう。

　北欧諸国のような家族にやさしい政策があって、ポルトガルの
ような頼れる祖父母がいれば、なんの苦労もないでしょう。
　でも、現実はそううまくいきません。親がもう亡くなっていた
り、住んでいる場所が遠すぎたりといった場合もあるでしょう。

　この問題を解消するために、デンマークのいくつかの都市で
「臨時の祖父母システム」が始まりました。これは、高齢者がボ
ランティアで特定の家族の「里親」になる、というものです。
　たとえば、臨時のおばあちゃんは子どもが病気のときに手助け
をしてくれる一方で、家族の活動やお祝いにも参加します。
　助けてくれる人がひとり増え、子どもにいつもとちがう体験を
させることができ、子どもにとって頼れる人が増えれば、親は大
助かりです。高齢者の側からすれば、孤独感を減らし、生きがい
を見つけることにもつながるでしょう。

　デンマークでは、このシステムがすでに施行されていますが、
似たようなしくみをみなさんもつくることができます。
　自分で設置したミニ図書館やコミュニティ菜園を通じて近所の
住民と知り合うことは、こういった関係を構築するはじめの一歩
となるかもしれません。

［ケース・スタディ］
ルイーズとトムの場合

「作家生活の特権は、世界中をわが家にできることです。ですが、快適だった大学でのキャリアを投げ出し、外国で新生活を始めるというのは、大きなリスクでしたね」

「最高の決断はときに、『どうしてやらないの？』という内なる声からやってきます。"やりたかったけれどやらなかったこと"があると、のちのち人生は失望だらけになるでしょうね」

『トスカーナの休日』（早川書房）の著者フランシス・メイズは、2016年に『ガーディアン』紙にそう語りました。
　彼女の実体験をもとにした小説はベストセラーになり、映画化され、世界中に何百万人もの夢追い人を生み出しました。そのうちのふたりがルイーズと夫のトムです。

　小説のような暮らしにあこがれて、何年か前に彼らはアメリカからイタリアに引っ越しました。

「ふたりとも海外で仕事を探してたんです。そうしたら、ラッキーなことに、トムがイタリアで働き口を見つけました」
　かたやルイーズは今、フリーのジャーナリストとして働いています。

　現在の住まいは、トスカーナの州都フィレンツェの、アルノ川のほとりにあります。
　フィレンツェは人口約 40 万人の都市ですが、もともと住んでいたニューヨークとは大ちがい。生活のペースも、音も、においも、色も、すべてが本当にちがうのです。サン・ロレンツォ市場でトマトを買うとき、今までその存在すら知らなかったようなたくさんの赤い色があることを知ります。

FREEDOM ── 「本当に大切なもの」を見つけよう　**175**

　ルイーズとトムには5カ月の娘がいます。しばらくして、イタリアでは子育てに対する態度もちがっていることを発見したのです。見知らぬ人が娘の足をくすぐってきますし、幼児を夜8時に寝かせつけるなんて早すぎる、と言うのだそう。

　じつは、海外で仕事を探すことにしたのは、娘が生まれたこともきっかけのひとつでした。

「アメリカは養育費が異常に高い国です。イタリアではその数分の一の費用ですみます。それに……私たち今、あこがれのイタリアにいるんですよ!」

　もちろん、すべてが映画のようにうまくいくわけではありません。
「もちろん、向こうにいる家族や友人が恋しくなりますよ。でも、こちらに来て幸せです。家族で過ごす時間がたくさんあるんですから」

大好きな仕事を起ち上げる

アメリカの自由の女神像の台座には有名な銘板があり、次のような言葉が刻まれています。

> 我に委ねよ　汝の疲れたる　貧しい人々を
> 自由の空気を吸わんものと　身をすり寄せる群集を

世界中に疲れた人々がたくさんいて、どこか自由の空気が吸える場所を求めているのではないかと思います。

しかし、住み慣れた国を離れることは、大半の人にとってリスクが大きすぎるでしょう。手っ取り早いのは、上司を替えるのがいちばんの方法かもしれませんね。

5年ほど前、私は父に「仕事を辞める」と告げました。当時の私は、一流シンクタンクの国際部代表として、高給で安定した仕事に就いていました。

「で、今度は何をするつもりなんだ？」と父がたずねます。

「あのね、幸せの研究をしたいんだ。ハピネス・リサーチ研究所っていうシンクタンクを起ち上げようと思ってる」

一瞬の沈黙がありました。

「そうか。すばらしいアイデアだな、それは」

FREEDOM —— 「本当に大切なもの」を見つけよう　**177**

世界が不況に陥る中、幸福のシンクタンクを設立するなど、賢い選択ではないと思う人もいたでしょう。

　ですが、幼いころから父がよく言っていた「仕事をするときは、いくら稼げるかではなく、そこから得られる満足度に焦点を当てなさい」という言葉を、私は覚えていました。

「人生の多くの時間を仕事に費やすんだから、何か楽しめることをしないとな」

> 仕事をするときは、いくら稼げるかではなく、
> そこから得られる満足度に焦点を当てなさい。
>
> **ヴォルフ・ヴァイキング（著者の父）**

　最初の1年は大変でした。金なし。暇なし。あんなにいっぱい働いて、ちょっとの稼ぎしかなく、そしてあんなに楽しかったことは、それまで一度もありませんでした。

　しかし、こうした体験をしたのは私だけではないようです。

　社会起業家としてデンマークのファッション界で働くヴェロニカは、太陽のような人で、よろこびを見つける天才です。

「仕事というよりクリエーションですね。何かを創り出しているから。それに、創ったものは私の一部。私のアイデンティティの一部よ。本当の幸せはそこからやってきますね」

　ヴェロニカと夫、そして娘は、あるときは完璧なアルパカウールを探して1カ月間ペルーを旅し、またあるときは完璧なシルクを求めて1カ月間タイで過ごす——というような生活。

　そして、過去の2回の旅に共通しているのは、刑務所を訪れたことでした。女子刑務所です。

178

　発展途上国の女性受刑者の多くが貧困に起因する犯罪で収監されていると知ったヴェロニカは、コペンハーゲンでファッションブランド「Carcel（カーセル）」を起ち上げました。カーセルの高級服をつくるのは女性受刑者たちです。
　製品のひとつひとつに、製作した女性の名前が入ります。すべて女子刑務所内でつくられ、彼女たちには公正な賃金が支払われます。

　ヴェロニカの願いは、服役中の女性たちが空き時間をスキルと収入のある仕事に変え、自立をはかり、子どもを学校に行かせたり、釈放後の新生活に向けて貯金したりすること。そうして最終的には、貧困と犯罪のサイクルを断ち切れるようにすることです。

ゼロからビジネスを起ち上げるのは大変な作業です。
「お金はないけど幸せですね。確かに、ふつうの仕事よりもはるかに
多く働いています。でも、世界中のどんな仕事とも取り替えたくない
ですね」

「いちばん大きな変化は、自分が仕事そのものだということ。母親、
会社の代表、妻、友人……といった役割にしばられていません。私は
ヴェロニカ。いつだって私。それが幸せな理由かしらね」

　ヴェロニカが例外というわけではありません。
　世界幸福度調査によると、自営業を営む人たちは、収入や労働時間、
雇用保障など多くの面で苦労を強いられますが、それでも、全体的な
仕事の満足度において会社員よりも高いレベルにあると報告されてい
ます。少なくとも OECD 諸国ではそうです。

　ところが、貧しい国々では事情がちがってきます。
　つまり、通常の労働市場に雇用機会がないため、やむなく自営業を
始めた人が、貧困国では少なくないためです。

　概して、自営業の人の多くは会社員より長時間働きますが、それで
も幸福度はより高いようです。少なくとも、研究ではそういう結果が
出ています。自営業の人たちは仕事満足度がより高く、人生満足度も
より高いと報告されています。

　それに、起業家は変人の集まり（？）だという理由もあるでしょう。
ほかの人に比べて楽観的なのかもしれません。当然ながら、楽観的な
ほうが、人生の満足度は高くなりますね。

　もうひとつ明らかなのは、会社員から自営業に転身すると満足度が
上がるということ。

180

起業家はより大きな目的意識と、より明確な人生の方向性を描いていなければなりません。そして、だれにもしばられず、上司もいません。こうした無限の自由が幸福の源になる、という研究結果も出ています。

　起業家には自由時間などほとんどありませんが、自分はかなり自由だと感じるようです。情熱を追いかける自由、顧客にノーと言える自由、家族のニーズに合わせて仕事のスケジュールを組める自由などです。

「いつ、どこにいるかを自分で決められます。小さい子どもがいるとキャリア形成に集中しづらいけれど、起業家になれば自分の日常生活をちがう形にデザインできますし、子どもたちのニーズを優先できるということです」と、ヴェロニカは言います。

「朝、娘が悲しそうにしていたら、出勤を1時間遅らせて、本を1冊読み聞かせしてあげるの。だれも娘と私の時間を邪魔できない。それに、娘は私たちの冒険の仲間なんです。この子にはこの子のストーリーがあって、一緒に共通のストーリーを創り上げているような感じですね」

時間を生み出す
5つの方法

1 料理をつくり置きする

　週末にまとめて料理をつくり、冷凍して別の日のために回しましょう。

2 ちょっとした空き時間を活用

　日々の生活の中で、ここで2分、あそこで5分というふうに、空き時間を有効に使いましょう。どんなことをしたいか事前に決めておけば、時間をうまく使えますよ。私は無料の言語学習アプリ「Duolingo（デュオリンゴ）」でスペイン語を勉強しています。読者のみなさんも、ちょっとイタリアに引っ越したくなったときに、イタリア語を始めてみてはいかがですか？　Va bene？（ヴァ・ベーネ？＝オッケー？）

③ 一石二鳥

たとえば、「人づき合い」と「スポーツ」の二者択一ではなく、2つを合体できるかもしれません。友だちとランニングしたり、一緒に自転車で森へ遠乗りに出かけたりしましょう。

④ "マスト"に自分をくくりつける

叙事詩『オデュッセイア』で、オデュッセウスは海の魔物セイレーンの誘惑に負けないように、マストに自分をくくりつけてほしいと頼みました。現代の私たちに必要なのは、ネットサーフィンやSNSの誘惑を断ち切ってくれる何かかもしれませんね。ならば、「Freedom（フリーダム）」などのアプリに手伝ってもらいましょう。このアプリは、インターネットを最大で8時間、使えないようにすることができます。

⑤ 「パーキンソンの法則」を応用する

だれかが「今から15分でそちらに行くよ」と電話してきたら、まちがいなくあなたは、ものすごく効率的に家を掃除できますね。イギリスの歴史学者シリル・ノースコート・パーキンソンによると、「仕事の量は、完成のために与えられた時間をすべて満たすまで膨張する」のだそうです。これを逆に考えて、タスクの開始時間と終了時間を決めましょう。そうすれば短時間で多くの仕事ができるはず。

FREEDOM ── 「本当に大切なもの」を見つけよう　**183**

新しい働き方

　まる1日、たったひとりで仕事をしていると想像してください。会議はありません。ふたりですむような会議に8人が顔をつきあわせて、時間をムダにするようなこともゼロです。

　上司に呼びつけられてプロジェクトの進捗報告書を書かされたり、件名に「緊急」と入ったメールに急かされることもありません。

　こんな自由な環境で仕事ができたら、と想像してみてください。その日はどれだけ仕事がはかどるか、想像してみてください。重大な仕事、集中力を要する仕事ならなおさらです。

　大まかにいって、職場で自由を奪うものは3つあります——会議、上司、そしてメールです。

　毎日が会議で埋まっており、合間の10分か20分しか仕事ができない、という人も多いでしょう。そしてその仕事は、中断されることなく長時間集中しなければできない仕事だったりします。

　数々のビジネスを起こした起業家で、『強いチームはオフィスを捨てる』（早川書房）の著者、ジェイソン・フリードによれば、会議と上司が生産性を落とすのだそうです。
　要するに、会議は社員がすでにやり終えた仕事や、これからやろうとしている仕事を発表するだけの場であり、上司は人の仕事を中断するのが仕事なのです。

　解決策として、フリードはこう提案します。「カジュアル・フライデー」ならぬ、「ノートーク・サーズデー」（会話なしの木曜日）を導入してはどうだろうか、と。

ある木曜日、たとえば毎月第１木曜日や最終木曜日などを選んで、その日１日だけ、職場でだれともしゃべらない日と決めるのです。

　中断なし。電話なし。会議なし。沈黙のみ。さあ、終わらせなければいけない仕事に取りかかりましょう。

　ハピネス・リサーチ研究所でも実践してみました。

　私たちにとって、ノートークは１日どころか半日でも不都合だったので、少し変更して、「クリエイティブ・ゾーン」を導入することにしました。だれにも中断されない時間を２時間設定して、フルに集中しなければできない仕事を終わらせるようにしたのです。

　のちに知ったことですが、半導体機器メーカーの「インテル」でも似たような取り組みを行なったそうです。名づけて「チューズデー・モーニング・クワイエット・タイム（火曜朝の静寂の時間）」。

　インテルの２つの事業所で、300人のエンジニアと管理職が、毎週火曜日の朝は「最低限の中断のみにする」と合意しました。

　会議の予定は入れませんし、電話はボイスメールに、電子メールやチャットも閉じられます。その目的は、４時間の「考える時間」を確保して、その影響を測定することにありました。

　７カ月続いた試運用の結果、参加者の71パーセントが「ほかの事業所にも広げてほしい」と言いました。

　似たような概念として、在宅勤務（リモートワーク）があります。デンマークでは自主性と柔軟性を尊重し、仕事の何割かを自宅でやることもしばしば許されます。

　そのおかげか、デンマーク人の94パーセントは労働条件に満足しています。少なくとも、EU加盟国の世論調査「ユーロバロメーター」によると、そういう結果が出ています。

FREEDOM ——「本当に大切なもの」を見つけよう　**185**

イギリスの調査会社「YouGov」の調査によれば、58パーセントのデンマーク人が、たとえば宝くじで1,000万クローネ（約1億7000万円）が当たって、経済的には働く理由がなくなったとしても仕事を続ける、と答えています。

おおむねデンマーク人が幸福であることの大きな理由がこれだ、と私は思います。

仕事は幸せの源になりえますし、目指すべきものです。職場を適切にデザインし、機能させることで、みんながその状態に近づくことが可能になります。

幸せのヒント ── 「邪魔しないで」運動

火曜の朝に静寂の時間を取り入れ、職場での自由度を上げましょう。

まずは、働く人の満足度と生産性を上げる方法について、話し合いましょう。

たとえば、「火曜朝の静寂の時間」を提案してみてください。いうなれば「Do Not Disturb（邪魔をしないでください）」の札をドアにかける運動です。毎週火曜朝の2時間か3時間、会議を入れず、電話もかけず、メールもしない時間をつくるのです。いきなりは無理そうなら、1〜2カ月のお試し期間を設けて、ようすを見るよう上司を説得してみましょう。

「水曜日は在宅勤務」という提案もいいかもしれません。ある人が通勤の2時間を節約できたら、そのうちの1時間を会社のために使っても、残りの1時間、自由な時間を得られるのです。

通勤時間は
できるだけ少なく

　就業前のすべての大学生に、新たな必須科目を提案したいと思います。教室にいる学生はみんな、できるだけ小さなクローゼットにぎゅうぎゅう詰めになり、45分間、だれとも目を合わせずに立っていなければなりません。目を合わせたら負けです。

　この科目の名前は「通勤学初級編」です。

　哲学者ジャン・ポール・サルトルの通勤時間がどのくらいだったかはよく知りませんが、「地獄とは他人のことだ」という名言は、通勤中に考えついたのかもしれません。

　なかには、通勤によろこびや価値を感じる人もいるでしょう。本を読んだり、音楽を聴いたり、頭の中でその日の出来事をまとめたりと、有意義に時間を過ごせる人たちです。

　でも多くの人にとってはそうではありません。自分にはどうしようもできない無力感に襲われ、イライラするのです。なにしろ、強制的にバスや電車に閉じこめられるのですからね。

FREEDOM ── 「本当に大切なもの」を見つけよう　187

その点、自動車は究極の自由のシンボルです。

世界中の CM は、車の自由さをアピールします。だれもいない大自然の中、海沿いのカーブを走り抜けていく車……。

でも現実には、ラッシュアワーの渋滞にはまり、怒りとイライラを乗せたクラクションの大合奏の中を、のろのろ進むのが関の山です。自由とはほど遠い感じがしますよね。

事実、いくつかの研究では、「多くの人にとって1日で最悪の活動は通勤だ」という結果が示されています。

ノーベル賞を受賞した心理学者のダニエル・カーネマンが行なった調査があります。回答者は、前の日にしたことをすべて詳細に書き留めます。何時に、何を、だれと行ない、その活動のひとつひとつについて、どのように感じたかを書いてもらうのです。

その結果、多くのアメリカ人女性が、朝の通勤が1日のうちで最悪の時間だと評価しました。その次が仕事、そして帰りの通勤です。

実際、私たちは人生のかなりの部分を通勤に費やしていますが、国によって相当な格差が見られます。

OECD の調査によると、南アフリカと韓国が通勤に費やす時間がもっとも長く、アイルランドとデンマークの2倍にも達します。都市でいうとバンコクがいちばんで、平均で片道2時間も通勤に費やしています。

国の中でもかなりちがいます。イギリスでは、ロンドンで働く人たちの平均通勤時間がもっとも長く（片道74分）、イギリス人の約200万人が毎日3時間以上もかけて移動しているという報告があります。

通勤時間(片道)

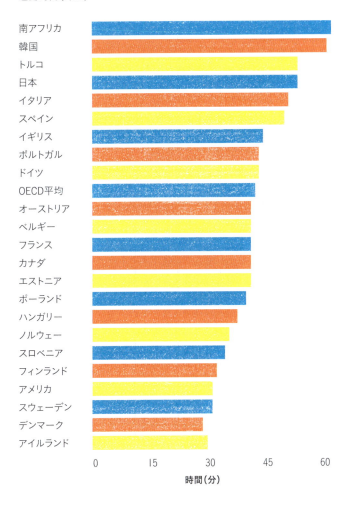

出典：OECD「How's Life？ 幸福度の測定〜通勤時間」2011年度版

仕事とプライベートを両立させ、すべてを１日24時間の中で収めるのは困難であると、多くの人が感じ始めている時代です。「通勤距離が長いほど幸福度が下がる」というイギリス国家統計局の報告は、まったく納得がいきます。

　通勤時間が１〜15分の人たちを参照群とすると、それに比べて通勤に15分以上かかる人たちは幸福度がより低く、在宅勤務の（もしくは職場のすぐ近くに住む）人たちは幸福度がより高いことが明らかになりました。

　同様のパターンが、不安度についても示されています。在宅勤務の人たちは、ほかに比べて不安度が低いのです。

　しかし、通勤に３時間以上かかる人の不安度は、１〜15分の人と大差がありませんでした。これは興味深いことです。

　このグループの人たちはおそらく、読書をしたりまとまった仕事の時間を確保したりして、通勤時間を有意義に過ごしているのでしょう。あるいは、田舎に住んで都会で働くという生活を、みずから選択した人たちかもしれません。生活環境のメリットが、通勤のデメリットを打ち消しているわけです。

　幸福の指標をいくつも見ていくと、１時間〜１時間半の通勤時間が最悪の影響をおよぼすことがわかります。

　ジェシカはまさにこのグループのひとりです。
　サンフランシスコで広告会社に就職してから、片道90キロメートルの運転をすることになりました。ラッシュアワーに重なると、１日４時間もかかってしまうことがあります。
　それでも、給与が高かったので我慢しました。高額な不妊治療を受けるためにお金が必要だったからです。

　しかし、長時間労働に長時間通勤が重なって、35歳の彼女はとうとう体を壊してしまいます。ストレス性の胃炎になり、うつ病を患い、

190

長時間の運転のために座骨神経痛にもなってしまいました。

　9カ月後、彼女は離職し、フリーのデザイナー兼写真家として独立しました。稼ぎは少なくなりましたが、在宅で仕事をできるのが何よりのメリットだと言います。

　その後、イギリスのテレビ局「BBC」が彼女のインタビューを放送したとき、彼女は妊娠6カ月でした。

世界各国の「自由」な働き方

ワーク・ライフ・バランス
デンマーク：デンマークは、世界でもっとも仕事と遊びのバランスが取れている国のひとつ。典型的な1週間の就業時間は37時間。仕事の仕方も柔軟で、在宅勤務をしたり、就業開始時間を選んだりできる。162ページを参照。

統一基本所得制度（ベーシックインカム）
フィンランド：2017年に、2年間の社会実験がスタートした。2,000人の国民を対象に、年収や雇用状況に関係なく、月560ユーロ（約7万円）の最低所得を保障するというもの。フィンランドはこれによって役所の仕事を効率化し、貧困率を下げ、雇用促進を図ろうとしている。

週30時間労働
スウェーデン：いくつかの公的機関や民間企業では、実験的に1日の労働時間や週の労働日数を削減している。そうした一社である「ブラス」というSEO（検索エンジンの最適化を図る）企業は、次のように発表した。「他社が8時間でする仕事以上のことを当社は6時間で終えます。それにより、高い創造性が発揮できるでしょう。8時間ずっと創造性と生産性を維持できる人などいないと思います。フェイスブックやニュースをたまにチェックすることがあったとしても、6時間労働のほうがより合理的であると考えます」

ノマドの聖地

ハンガリー、ブダペスト：今日では、通信ネットワーク環境の整備によって、オフィスで仕事をすることが必須でなくなり、外国で仕事をしたいと考えるフリーランスや起業家が増えている。こうしたデジタルノマドたちにもっとも人気のある都市がバンコクであり、ベルリンであり、ブダペストである。ハンガリーの首都ブダペストの中心街では、1ベッドルームのマンションの家賃が米ドル換算で約500ドル（5万円）と割安で、カフェのコーヒーは約1ドル25セント（140円）。

職住近接プログラム

アメリカ、メリーランド州：職場から8キロメートル以内に引っ越す人を対象に、家の購入費や頭金等として最大3,000ドル（約33万円）の補助金を出す。結果、利用者は通勤時間が減ることになり、マイカー通勤から徒歩通勤に変える人も増えた。

退社後は電子メールなし

ドイツ：2011年、自動車メーカーの「フォルクスワーゲン」は一部の従業員に対し、シフト外時間にサーバーから電子メールを配信することを停止した。従業員は自分のデバイスを用いて電話をかけることはできるが、シフト終了時間の30分後には電子メール配信が止まり、次のシフト開始予定時間の30分前に再開される（ただし経営幹部は対象外）。

CHAPTER 7

TRUST
心地いい「サポートの輪」
のつくり方

信頼

　ニューヨークに住むアネットは、ある晩レストランで食事をしていました。レストランの外にはテラス席があります。アネットはベビーカーで眠る娘をそこに残し、店の中からガラス越しに見守っていました。

　ところが、直後に警察がやってきて、アネットはネグレクト（育児放棄）の疑いで逮捕されてしまいました。彼女は収監寸前でやっと釈放されたのでした。アネットを弁護すると、彼女がやったことはデンマークではふつうのことです。

　コペンハーゲンに行ってみると、自転車の多さに慣れてきたあと、あることに気づくはずです。公共の場で、ベビーカーに乗った子どもたちが野外で眠っているのです。親がカフェでコーヒーを飲んでくつろいでいる間、赤ちゃんは店の外でスヤスヤお昼寝中です。

　田舎へ行けば、無人の農産物直売所があちこちにあります。欲しい野菜を勝手に取って、代金を箱に入れていくだけ。

また、あるときはこんなことがありました。

　自転車を修理屋さんに引き取りに行ったときのこと。ぼけっとしていて、財布を家に忘れてきてしまいました。
「いいよ、いいよ。自転車は持っていきなよ、お代は明日でいいからさ」と修理屋さんは言ってくれました。
　その日は仕事が立てこんでいたので、修理屋さんのおかげで気分がずいぶん軽くなりました。そして、「またこの人に頼もう」という気になったものです。

　作家のエリカ・アンダーセンは『フォーブス』誌に「デンマークにいると幸せになれるのはなぜ？」という記事を書きました。デンマークがなぜ幸福ランキングでいつも上位にいるのかを探ろうとこの国を訪れたとき、彼女はこんな体験をしたといいます。
　滞在中、乗馬をしようと馬を借りにいきました。その牧場ではクレジットカードを受けつけていなかったのですが、馬主はエリカに、先に乗馬をして現金をあとで持ってきてくれればいい、と言いました。
　このことから、エリカはこう考えました──「デンマーク人が幸せなのは社会の信頼度が高いからだ」と。

「信頼」は、幸福につながる6つの要素のひとつです。

　2015年度の世界幸福度調査にはこう書かれています。
「高い成功を収める社会は、家族や同僚、友人、他人、政府のような公共機関なども含め、人々は相互に高い信頼感を持っている。社会信頼度は人生の満足度に拍車をかける」

　他人を信頼できる人は幸せです。
　ビジネスでもデンマークの職場には信頼の文化があり、小さな取引にいちいち契約書を交わす必要はありません。取引は取引です。口約束でも成立です。

TRUST──心地いい「サポートの輪」のつくり方　**197**

上司が部下を細かく管理することもなく、放っておいても納期までに作業が終わるだろうと信頼を寄せています。もちろん、在宅勤務の日もちゃんと仕事をしています。

　社長のこともファーストネームで呼びますし、一緒のテーブルで昼食をとり、仕事のこともプライベートのこともオープンにしゃべります。他人に競り勝ってトップ社員になるよりも、協働とチームワークに重きが置かれます。

　デンマークの職場における、こうした協調、平等、信頼の精神は、偶然のたまものではありません。後述しますが、社交、協調、思いやり、信頼はデンマークの学校教育に組みこまれており、大人になってもずっと持ち続けるよう奨励されています。

他人に対し高い信頼度を示す人の割合

デンマーク 89%	OECD平均 59%
ノルウェー 88%	フランス 56%
フィンランド 86%	アイルランド 56%
スウェーデン 84%	チェコ 56%
オランダ 80%	スロベニア 53%
スイス 74%	アメリカ 49%
エストニア 72%	ポーランド 47%
イスラエル 71%	スロバキア 47%
ニュージーランド 69%	ハンガリー 47%
イギリス 69%	韓国 46%
ベルギー 69%	ギリシャ 40%
オーストラリア 64%	ポルトガル 38%
スペイン 62%	メキシコ 26%
オーストリア 62%	トルコ 24%
ドイツ 61%	チリ 13%
日本 61%	

出典：OECD「図表でみる社会 OECD社会指標」2011年度

幸せのヒント 「ほめ合いのスキル」を高めよう

「今週の社員賞」は、同僚に手柄をゆずったり、同僚の成果をまわりに伝えた人に贈られます。

「今週の社員賞」はよくあることですが、ここで述べる社員賞は少し変わっています。「もっとも優秀な仕事をした社員」ではなく、「ほかの社員をほめた人」に花束が贈呈されるのです。
　もし、Aさんがとてもよい仕事をして、Bさんが、Aさんがどんなに立派だったか上司に伝えたら、花束はBさんのものです。

　何年か前に、このしくみがコペンハーゲン最大の病院の脳神経外科集中治療病棟で採用されました。
　ここではスタッフの病欠日数の多さが問題になっていました。スタッフはみんな、不信感に満ち、仕事の満足度が低く、離職率が高かったのです。
　そこで、「ほかの人をほめることでモチベーションを上げよう」という全体的な取り組みの一環として、部署内で「今週のスタッフ賞」の花束贈呈を始めました。その結果、病欠は約75パーセントも減ったそうです。

財布を落とす実験

> 一般的にいって、大半の人は信頼できると思いますか？　それとも、他人と何かをするときは用心するに越したことはないと思いますか？

これは信頼を測定するための標準的な質問で、長年、多くの国々のさまざまな調査で用いられてきました。

あなたならどう答えますか？　人を信頼していますか？　たとえば、財布を拾った人が、現金が入ったまま戻してくれるという信頼はありますか？

カナダの総合的社会調査によると、トロントの住民は、見知らぬ人が自分の財布を見つけたとき、現金が入ったまま戻ってくる見込みは25パーセントだと考えているとのことでした。

しかし、実際の数値を計るためにトロント市内のあちこちに20個の財布を「落として」みたところ、80パーセントが戻ってきました。

信頼に関して、私たちは他人を過小評価しているのかもしれません。

こうしたお財布紛失実験は、1996年に『リーダーズ・ダイジェスト・ヨーロッパ』誌によって初めて行なわれました。財布にはすべて、現金と持ち主の名前・住所が入っており、ヨーロッパの14カ国20都市と、アメリカの12都市で道ばたに放置されました。

その結果、2つの国ですべての財布が現金入りで戻ってきました。ノルウェーとデンマークです。

同誌は 2013 年に再び同じ実験を行ないました。今度は 16 カ国の都市に 12 個ずつ、財布を落としました。それぞれの財布には、名前、携帯電話の番号、家族の写真、クーポン券、名刺、そして 50 ドル相当（約 5,000 円）の現金が入っています。

　現金が入ったまま戻ってきたのはいくつだと思いますか？
　半々ぐらいだろうと思った人は正解です。全部で 192 個の財布を落とし、90 個が戻ってきました。

戻ってきた財布の数（12個中）

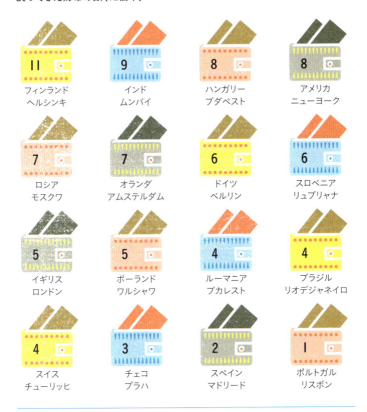

11 フィンランド ヘルシンキ	9 インド ムンバイ	8 ハンガリー ブダペスト	8 アメリカ ニューヨーク
7 ロシア モスクワ	7 オランダ アムステルダム	6 ドイツ ベルリン	6 スロベニア リュブリャナ
5 イギリス ロンドン	5 ポーランド ワルシャワ	4 ルーマニア ブカレスト	4 ブラジル リオデジャネイロ
4 スイス チューリッヒ	3 チェコ プラハ	2 スペイン マドリード	1 ポルトガル リスボン

TRUST ── 心地いい「サポートの輪」のつくり方

リオデジャネイロでは、73歳のデルマが財布を戻しました。彼女は、10代のころに万引したことを母親にきつくとがめられ、その教訓がいまだに心に残っていたといいます。

　ロンドンで戻ってきた5つの財布のうち1つは、ポーランド出身で30代半ばのウルスラが届けました。「お金が入っていたってお金持ちのものだとはかぎりませんよね。母親が家族を養うための、なけなしのお金かもしれないでしょう」と彼女は言いました。

　リュブリャナでは、21歳の学生のマンカが財布を戻しました。「一度、バッグごとなくしちゃったことがあったんです。でも全部、戻ってきたの。だから、落とした人の気持ちがわかるんです」

　ウルスラとマンカが、強い思いやりの心を持っていることは明らかでしょう。財布をなくした人の気持ちになって考えることができるのです。

　思いやりと協力、信頼の間には関連があると考えられます。強く思いやれる資質がある人は、人と競争するよりも協力する傾向にあり、協力し合えば互いを信頼する傾向も高まるのです。

　みんなが思いやりを持つことを選べば、世の中はもっとよくなります。さらに、みんなが信頼に値する人間になれば、世の中はもっとよくなりますね。

　約束を守り、打ち明けられた秘密を守る信頼のおける人になりましょう。そこにいない人に忠実であれば、目の前の人に対しても忠実である証明になります。

　信頼のおける人間であることは、自分の人生にとっても、そして自分が大切に思う人たちの人生にとっても、貴重な財産となります。

マーク・トウェインはこう言います。

> 真実をしゃべるなら、
> 何も覚えておかなくていい

　ウソをつかず、正直に生きていれば、もっと気楽でリラックスした、幸せな人生が送れるのです。

　それだけでも十分ですが、思いやりを持つことで、長い目で見ると経済的に豊かになることもあるそうです。

「早期の社会的・感情的機能と公衆衛生：幼稚園児の社交性と将来の健康の関係性」という論文が、2015年に発表されました。これは数百人の子どもたちを、幼稚園入園時から20年近く追跡調査したものです。

　この研究では、幼稚園のころの社会的・感情的なスキルと、成人後の生活状況（教育、就職、薬物使用、メンタルヘルス、犯罪など）にかなりの関連があることがわかりました。

思いやりを育てる子育て

> 算数も理科も国語も大事ですが、子どもの社交性も、そしてもちろん幸せも大事です。

ルイーズはそう言います。教師である彼女は、デンマークの大半の教師がそうであるように、学業の成績と同じくらい、生徒たちの総合的な健康と、社会的・感情的な発達を気にかけています。

つい最近まで、デンマークの子どもたちにもっとも人気のある授業は「学級の時間（klassens time）」でした。

毎週、先生と生徒がいろいろな話し合いをします。生徒は持ち回り制でケーキやお菓子をもってくることになっていて、学級の時間にみんなで分け合って食べます。

お題はさまざまです。この1週間にいじめはありましたか？　ボードゲームを買うお金がたまりました。さて、何のゲームを買いましょうか？　仲間はずれにされている人はいませんか？

私個人の意見ですが、デンマークにおける最近の最大の失策のひとつは、学校改革でこの「学級の時間」が改正されたことだと思います。毎週のスケジュールに組みこまれていた学級の時間が、今ではほかの教科に「統合」（お役所用語ですね、要するに廃止ということ）されてしまったのです。

とはいえ、デンマークの学校では今でも思いやりの教育を優先しており、生徒たちはよく班にわかれて活動します。チームで働くことは将来、仕事に役立つスキルですが、同時に社交性と、協力することの大切さも学べます。

TRUST ── 心地いい「サポートの輪」のつくり方　**205**

「子どもたちにいろいろな表情をしている顔の写真を見せて、人はどんな感情を抱くのか、また、なぜそう感じるのかをみんなで話し合うんです。これは読書にも役立ちます。優れた本は登場人物に感情移入できますから、だれかの気持ちになって考えることを学べます。優れた本は、思いやりを育てるのにぴったりですね」とルイーズは語ります。

　ルイーズの意見は、ニューヨークのニュースクール大学の研究でも裏づけられています。1,000人以上を対象とした5つの実験の結果、文芸小説を読むと、他人の感情に気づき、理解する能力が向上することがわかりました。

　ただし、どんな小説でもよいというわけではありません。
　研究者たちは、大衆小説（内容は平易で想像がつきやすい作品）と文芸小説（難易度が高く、読解が個人の想像力に委ねられている作品）とで区別しました。文芸小説では、登場人物がなぜその行為をしたか、教えてもらうのではなく、読み手自身が考えなければならないのです。そうすると、本は単なる社会経験のシミュレーションではなく、社会経験そのものとなります。

　思いやりを教えるといじめが減る、という研究結果もあります。
　2015年の研究で、11歳から15歳の男子を対象に、「前の月にいじめを受けたと感じたか」とたずねました。その結果、デンマークの男子の6パーセントがそう感じたと答えました。
　イギリスではその1.5倍の9パーセント、アメリカでは約2倍の11パーセントでした。オーストリアがもっとも多くて21パーセント、スウェーデンがもっとも少なくて4パーセントでした。デンマークのいじめの少なさは、思いやり教育によるものといってよいでしょう。
　出典はOECDの「社会の進歩のための技術：社会情動的スキルの力」という報告書です。

　もちろん、思いやりはデンマーク人の専売特許ではありません。

　サンフランシスコにある「ミレニアム・スクール」では、2016年11月のアメリカ大統領選挙のあとに、「政治的分断の克服」を学ぶ授業が設けられました。ミレニアム・スクールは私立の中学校で、全米でも屈指の革新的な教育を行なっています。
　11月9日、つまり選挙の翌日にトランプ支持者のインタビュー映像を見せられた生徒たちは、大声を上げ、文句を言い、信じられないといった軽蔑の表情を浮かべました。
　ところが、同じ映像を音を消して流すと、生徒たちの反応が変わりました。支持者たちの顔に恐れや怒り、悲しみを見てとり、同じ人間として彼らを思いやる反応を示したのです。
　これが突破口となり、彼らは、今までとはちがった視点で有権者の投票行動を理解するようになりました。

　デンマークの教育制度は完璧にはほど遠いですが、学べる点がいくつもあると思います。
　そのひとつが、「成功はゼロサムゲーム（総和がゼロになるゲーム）ではない」と理解することです。だれかが勝ったから自分は負け、というわけではありません。

生徒をランクづけするような教育制度は、「成功は食うか食われるかだ」と教えこむことになりかねません。自分がよい成績をとるために、だれかの機会を奪わなければならない、というわけです。

　でも、幸せはみんなで分け合っても小さくならないのです。

　ちなみに、デンマークでは生徒をランクづけしません。正式な成績表は8年生（中学2年生）まで渡しません。その代わり、教員と父兄の間で毎年、生徒の学業的・社会的・情動的発達について話し合う場があります。

　デンマークの教育制度が競争に重きを置いていないからといって、この国の子どもたちの学力が低いわけではありません。
　2015年度のPISA調査（生徒の学習到達度調査）では、70カ国以上の学生のうち、デンマークの学生は数学知識で511点でした。イギリスは492点、アメリカは470点です（訳注：日本は532点で世界第1位）。読解力はデンマークが500点、イギリスが498点、アメリカが497点でした（訳注：日本は516点）。

　チームワーク、社交性、協力、思いやり、そして信頼を子どもたちに教えることで学業がおろそかになる心配はないのです。

国別の学習到達度

出典：PISA調査「生徒の学習到達度調査」2015年度版

ちょっと見方を変えてみる

信頼関係の希薄な職場には、「規則」「規制」「監視」「チェック」といった言葉がはびこっています。

コペンハーゲンの公的機関で高齢者の介護士として働くピアは、勤務制度の変革によって自分自身の仕事にどんな変化があったかを説明してくれました。

「訪問の開始と終了の際に、携帯端末で本部に知らせることになっていました。それで、訪問にどのくらい時間をかけたかが記録されるんですよ」

以前は高齢者宅への訪問が計画管理されており、介護作業のひとつひとつについて、所要時間が細かく決められていたそうです。たとえば、目薬をさす＝5分、トイレ介助＝10分、体を起こして食事介助＝10分、というように。全部で70もの作業があり、それぞれが時間との戦いだったそうです。

「訪問中はずっと端末とにらめっこで、ひとつひとつの作業にどれだけ時間をかけるか、ということばかり気にしていました」

2011年コペンハーゲンで、ある試験的な取り組みが行なわれました。これは、「分刻みの圧政」といわれる従来の制度の代わりに「信頼ベース」の制度を試験的に導入して、どんなちがいが出るかを見てみようという試みでした。

TRUST ── 心地いい「サポートの輪」のつくり方　**209**

作業を終えるごとにいちいち入力することはやめ、その時間を利用者への介護にあてる。作業内容と所要時間をトップダウンで一方的に押しつけるのではなく、今何が必要かということを、介護士が現場で利用者と共に考える。これが「信頼ベース」の新制度です。

「職員をコントロールすべきではありません。何が必要とされるかは、介護士の裁量で訪問中に決めればいいことです」と、市長のニンナ・トムセンは言いました。

　この取り組みは大きな成功を収めました。余分な経費はいっさいかかりませんでしたし、職員の満足度は格段に上がりました。
　今では地域全体の介護部門にこの手法が採用され、コペンハーゲンの公共機関における信頼度の改革につながりました。

　現在、市は規制や報告義務といったことから重点をシフトし、市民にとって何が最良か、各職員が最大のサービスを提供するにはどうしたらよいか、を問うようになっています。管理職も職員も、作業の記録や報告書からではなく、市民からのフィードバックに基づいて評価されます。

　仕事が楽しくなったのはピアだけではありません。ほかの職員たちの満足度もアップし、病欠日数も減っています。

「以前は上から言われたことをやって、あたふたしながら決まったルーチンをこなすだけでしたね。でも今はサービスに集中できるし、ほかに必要なことがあれば対応できます。より自由に仕事ができますね」

幸せのヒント　競争から協調へ

　ルールを変えて、「競争のゲーム」を「協調のゲーム」にしましょう。

　椅子取りゲームは、みなさんやったことがありますよね。
　10人の子どもに椅子が9脚。音楽が止まると同時に椅子に座り、座れなかった子がアウト。椅子を1脚ずつ減らしていって、最終ラウンドは椅子1脚に子どもがふたり。
　このゲームは、子どもたちに「少ない資源を取り合う」ことを教えこみます。しかも、早いうちにアウトになってしまったら参加できません。ずっと立ちっぱなしで、ゲームの成りゆきをながめるしかないのです。楽しくないですよね？

　さて、このゲームにちょっと工夫を加えてみましょう。
　ゲームの始まりは同じ、10人の子どもと9脚の椅子ですが、音楽が止まったら全員がもれなく座ります。ふたりの子は1脚の椅子に一緒に座ることになりますよね。いい感じです。
　次に椅子を1脚減らしますが、子どもは全員、ちゃんとゲームに参加できます。音楽が止まったら、今度は2脚の椅子にふたりずつ座ることになります。だんだんわかってきましたね？　最終的には、10人全員が1脚の椅子になんとか収まろうとします。
　そう、競争を教えるのではなく、協力し合う方法を教えるわけです。

子どもの共感力を高める
5つの方法

1 **散歩しながら妄想する**　子どもと散歩に出かけ、たとえばグレーの上着を着た人を探します。そういう人を見かけたら、散歩している間ずっと、その人がどんな人生を送っているのか、見た目から想像して話し合いましょう。

2 **表情を描く**　紙の真ん中に顔を描きます。よろこんでいる顔、怒っている顔、悲しんでいる顔など、いろんな表情を描き、どんなことがあるとその表情になるかも書き加えていきます。

3 **見つける**　「今週の気持ち」という遊びをしましょう。子どもが、あるひとつの気持ちを選んで付せんに書き、冷蔵庫の扉に張ります。字で書いても、絵で描いてもかまいません。そして、その週の間、子ども自身やまわりの人の中にその気持ちを見つけるたびに、「見つけたよ」と報告してもらうようにしましょう。

4 **ジェスチャーで示す**　鏡の前に立ちましょう。手を後ろに組んで話をし、次にその内容を身ぶり手ぶりだけで伝えます。これはふたりでもできます。ひとりがしゃべる間、もうひとりが身ぶり手ぶりだけでそれを表現するのです。

5 **音を消してみる**　子どもの好きな映画やアニメを、音なしで再生してみましょう。登場人物の顔の表情を見て、その表情はどういう意味なのか、なぜそう感じているのか、といったことを話し合います。

果てしなき競争

「本日はどういったご用件でしょうか」美人の受付嬢がたずねます。

信頼と協調の重要性を深く理解するためには、世界でも一、二を争う競争社会の国をたずねてみる必要があります。

今、私がいるのは整形大国といわれる韓国ソウル市の江南区。ここは富裕層が集まる地域であると同時に美容整形の街としても知られ、整形クリニックがじつに 500 店も軒を連ねています。

今いるクリニックの建物は 17 階建てのビルで、ビルの入口の前には赤のフェラーリが 1 台止まっていました。私は意を決して、受付嬢に打ち明けます。

「あ、あの、耳なんですが……」しどろもどろです。
「かみちぎられたみたいな形でしょ。何とかなりませんか？」

何とかしてほしいと言ったのはウソですが、耳がかみちぎられたような形をしているのは本当です。

私はこの耳の形が気に入っています。高校時代、この耳のおかげで「イベンダー・ホリフィールド」のあだ名がつきました。ホリフィールドは、あのマイク・タイソンに耳をかみちぎられたボクサーです。
いつもひじ当てつきのジャケットに眼鏡といういでたちの草食系の私にとって、これが精いっぱいのバッド・ボーイのイメージなのですね。
それはさておき、ここに来た本当の理由は、「果てしなき美の競争」ともいうべき韓国の整形事情を理解したいからです。

TRUST —— 心地いい「サポートの輪」のつくり方　**213**

　国際美容外科学会の統計に基づく推計によると、韓国では50人にひとりが美容整形を受けています。1,000人中では20人に相当し、これは世界最高です。
　アメリカは1,000人中13人です。イギリスはこの統計に含まれていませんが、2015年に5万1,140件の施術が行なわれたというデータがあるので、1,000人あたり0.8人という計算になります。

　しかし、韓国の数字はこれよりはるかに高いのではないかといわれています。というのも、個人クリニックでの施術は登録されない場合があるからです。
　女性の20パーセントが一生のうちになんらかの美容整形を受けるという報告もありますし、ソウルでは30歳以下の女性の半数が整形を受けていると言う人もいます。

　正確な数字はともかく、みんなの疑問は同じ。なぜこんなに高い数字なのでしょうか。

第1の理由は、ソウルでの手術費はアメリカの約3分の1と非常に安価で、美容整形ツアーの客がこの統計の一部に含まれるからです。

　ツアーのパッケージで、クリニックに隣接するホテルに泊まるため、術後に包帯を巻いて街を歩くこともありません。私が訪れたクリニックのロビーにも、スーツケースがたくさん持ちこまれていました。

　第2の理由は、人気がある二重まぶたの手術は簡単な施術で、ものの15分ほどで完了してしまうから。盧武鉉元大統領も、在任中の2005年にこの手術を受けたといわれています。

　そして第3の理由。男性も整形するからです。全体の15〜20パーセントを占めます。

　ソウルの地下鉄に乗ると、「やってないのはアナタだけ」といったうたい文句の美容整形の広告を目にすることがあります。そして、これが第4の理由に結びつきます。つまり「競争」。

　CHAPTER 4で「いとこが土地を買えば腹が痛い」という韓国のことわざを紹介しましたね。

　お隣さんが新車を買ったから自分も買った、というのが競争の始まり。次に競うのは別の分野。「美」と「頭脳」です。

「韓国はとても競争の激しい社会です」と、イェンホは言います。

　彼とは以前に何回か会ったことがありました。

　最初に出会ったのはコペンハーゲンの私のオフィスです。彼は本を書くために、デンマークが幸せ大国である理由と、そこから韓国が学べる点について研究していました。

「韓国の学生に競争をやめさせなければ。そう思って、デンマークの『エフタスコーレ』を韓国で導入しました」

TRUST —— 心地いい「サポートの輪」のつくり方　**215**

エフタスコーレとは、デンマークに 260 校ほどある私立の全寮制フリースクールです。生徒は芸術やスポーツ、農業など多様な科目を学ぶことで、自分の将来を考えるための貴重な経験を得ることができます。

　デンマークでは、中学校から高校に進学する前に 1 年間の "ギャップイヤー"（空白の 1 年）を取る人が多いのですが、その間にエフタスコーレを利用する人もかなりいます。

　一方で、韓国の生徒たちは、私が今まで見た中でもっとも勤勉です。

　私が話を聞いた生徒たちは、第 1 の学校（そう、第 1 のですよ）に朝 8 時から夕方 4 時まで通い、帰宅して食事をとります。第 2 の学校は夜 6 時から夜 9 時まで。家庭教師か学院（ハグォン。営利目的の学習塾）での学習です。生徒の 4 分の 3 が、こうした「第 2 の学校」に通っています。

　学院や家庭教師は一大産業になっていて、韓国の三大有名大学（ソウル国立大学、韓国大学、延世大学。まとめて SKY と呼ばれる）のいずれかに合格し、ひいてはトップ企業に就職する道を拓こうという「受験戦争」を加速する要因となっています。

　当然ながら大学受験には重きが置かれ、入試の日は社会全体がそれを中心に動きます。国の株式市場はふだんより 1 時間遅れで開始され、会社の営業時間も変更になります。これは朝の渋滞を軽減し、受験生が遅刻しないようにとの配慮から。

　韓国国家統計庁によると、自殺願望のある 15 〜 19 歳の生徒の半数以上が、「成績と大学受験」を理由にあげています。

　競争があまりにも過熱したため、2008 年には政府が学院と家庭教師通いに門限を定めました。10 時以降は禁止です。違反者を通報した人には、報奨金が支払われることになりました。

216

学院をパトロールで取り締まり、立ち入り検査や検挙にもいたりました。「静粛に！ 警察だ！ 本を置きたまえ！」ということでしょう。

「学校に休息を与えよう」というイェンホの考えに賛同する人も、相当いるはずです。だからこそ、彼は最初にエフタスコーレの概念を韓国へ持ち帰りました。

　彼が理想とするのは、生徒たちに小さな社会の中での体験をさせ、自分の人生に責任を持つことを教える学校です。生徒が連帯感や幸福感を体験でき、受験勉強ばかりではなく、何かほかのことに打ちこめる場です。競争をやめ、協調を学ぶ場です。

「だから生徒たちに言うんです。思いどおりの結果が出なかったとしても、ここにいる間に成功体験ができるんだよ。自分と向き合うこと、他人と向き合うこと、そして幸せになることからいろいろ学べるんだよ、ってね」

　教育の目的とは、効率性を極めた人型ロボットをつくることではなく、人の気持ちがわかり、手を差しのべられるような、血の通った人間をつくることなのです。

「成果主義」のタイガー・マザーと
「個性重視」のエレファント・マザー

2011年にアメリカで出版され、ベストセラーになった『タイガー・マザー』（朝日出版社）。この本で紹介された中国式スパルタ子育て法は、デンマークの子育てと真っ向から対立するような内容でした。

成績優秀でなければならないと圧力をかけ、課外活動やお泊まり会のような友だちとの交流は制限もしくは禁止。親の高い期待に添えなければ罰を与え、恥という感覚を植えつける──『タイガー・マザー』の著者のエイミー・チュアはふたりの娘を厳しく育ててきました。

その後の2013年、テキサス大学人間発達学・家族科学准教授のスー・ヨン・キム教授による研究が発表されます。それによると、タイガー・マザーに育てられた子どもは、「支えになってくれる」「おおらかな」親を持つ子どもと比べて成績が悪く、うつ病になりやすく、親から疎外されていると感じる傾向があるといいます。

さらに、『タイガー・マザー』の出版から何年かたって、著者のチュア（元祖タイガー・マザー）と彼女の夫は『ガーディアン』紙のインタビューの中でこう答えています。

「これはとても物質的な意味での成功です。私たちは、それが成功への唯一の道だと言っているわけではありません。物質的に成功したからといって、幸せだとはかぎらない。そうでしょう？」

子どもに高い期待をかけ、厳しくしつけるやり方は、収入や教育のレベルを上げるうえで一定の効果が認められることもあります。しかし、彼女自身の子育ての経験をふまえ、失敗や反省もこめて本を書いたそうです。

218

完璧な親も完璧な子どもも存在しないのと同様、完璧な子育て法などというものはありません。だれもがベストを尽くすだけです。

　他方で、エレファント・マザー、エレファント・ファーザーと呼ばれる親たちの子育て法を見てみましょう。
　彼らは子どもを抱きしめ、励ますことに重きを置きます。子ども自身が学校の成績に関係なく愛されているとわかっていれば、その愛情が子どもに強さを与え、自分で幸せの道を探っていける人間になるはずだ、と。

　私は幸いなことに、エレファント・ペアレンツに育てられました。「幸せになれることならなんでもやりなさい」と励ましてくれる、そして「どんな人生を送ろうともあなたは愛されている」と教えてくれる親たちでした。
　そうでなければ、私はこんなリスクの高い人生（その代わり幸せに満ち、世界中を冒険して回れる人生）に踏み出す勇気を持てなかったかもしれません。

　あるとき、ひとりのヴァイオリニストの女性に出会いました。彼女はタイガー・マザーからスパルタ教育を受けて育ちました。

「小さいとき、大人になったら何になりたいかって母親にたずねられたの」と彼女が言います。
「幸せになりたい」と答えたら、「何を甘ったれたことを」と母親は言ったそうです。「そんなのは本当の野望じゃないのよ」

　今の彼女はヴァイオリンですばらしい音色を奏でます。
　彼女の母親はきっと幸せでしょう。彼女もまた、幸せであればいいなと思います。

TRUST──心地いい「サポートの輪」のつくり方　**219**

飛行機は
格差の縮図

　経済的に平等な社会では、他人を信用する人の割合も高くなります。

　アメリカという国は州ごとに個性があり、より経済的に平等な州では州民同士の信頼度も高いようです。
　互いを信頼し合えば、安心感が増え、心配事が減ります。他人を競争相手ではなく、協力者と見なすことができるからです。

　ただし、信頼度は変動的で、イギリスやアメリカといった先進国では低下する傾向にあります。ここ半世紀でアメリカの富は増えましたが、格差も特段に大きくなり、結果、人々の不信感は劇的に高まっています。

　格差は、不信感や競争心、憤り、怒りにつながります。それは地球規模の問題だといえます。
　かつては「エレベーター効果」といわれたように、富裕層も貧困層も一緒になって景気の波に乗っていたのが、今はそうではありません。貧しい人たちだけが取り残されるのです。

格差の弊害については、ノッティンガム大学社会疫学教授のリチャード・G・ウィルキンソンとヨーク大学健康科学部疫学教授のケイト・ピケットが『平等社会——経済成長に代わる、次の目標』という著作でとてもうまく総括しています。

　格差レベルが高いと思いやりや信頼度が低くなり、心身両面の健康度が下がり、暴力の増加、犯罪率の上昇、肥満、10代での出産につながるということです。

　最近の研究で興味深かったのは、トロント大学のキャサリン・ディチェレス教授とハーバード・ビジネス・スクールのマイケル・ノートン教授が発表した、「エア・レイジ（機上の迷惑行為）」の事例研究（2015年）です。

　エア・レイジとは、空の旅にともなう生理的・心理的ストレスが引き起こす旅客の迷惑行為や暴力行為のことです。乗務員に対して威嚇するような態度を取ったり、フライトの間ずっとズボンを脱いで下着姿で座ったりすることも、これに含まれます。ある人などは、前の人が席を倒したからといって、その人の首を絞めたそうです。

　ふたりの教授は、たとえば座席の大きさや飛行機の遅れなど、ストレスがたまる要因とエア・レイジとの相関関係を調べただけでなく、社会の縮図ともいえる階級構造、いわゆる格差も検討しました。

　その結果、飛行機に物理的な格差、つまりファーストクラスがあると、後ろのエコノミークラスでエア・レイジの頻度が高くなるという関係性がわかりました。エコノミークラスの乗客が前にいる客の首を絞める確率は、ファーストクラスを設けた飛行機の場合に約4倍も高くなります。

　フライトが9時間半遅れればイライラが募って、当然エア・レイジが増えますが、ファーストクラスが存在することはそれと同等、もしくはそれ以上にエア・レイジを引き起こしやすいといいます。

TRUST——心地いい「サポートの輪」のつくり方　**223**

迷惑行為を起こすのは、エコノミークラスの乗客だけではありません。富裕層も、自分たちのステータスを実感すればするほど反社会的な行動を取りやすくなり、他人を思いやる気持ちが低くなり、何かをしてもらって当たり前だと感じるようになるのです。

　さらにいうと（ここがミソです）、この研究によると、機内でファーストクラスを通り抜けて着席したエコノミークラスの乗客は、エア・レイジを起こす確率がより高いのだそうです。

　無料のシャンパン、フルフラットのリクライニングシート、そして乗客の自慢げな顔を見ると、エコノミークラスの乗客はだれかの首に手をかける確率が2倍になってしまうのだとか。

　この研究は、反社会的行動を防ぐために、飛行機やオフィス、スタジアムなどのデザインだけでなく、社会全体のデザインも考慮に入れることが重要だと示しました。

　イギリスは幸福の研究にとても熱心な国で、年次人口調査で国民の幸福度まで調査するほどです。この調査では、毎年16万人が幸福についての4つの質問に答えています。

「きのうはどのくらい幸せでしたか？」
「最近の自分の人生にどのくらい満足していますか？」
「きのうはどのくらい不安を感じましたか？」
「人生で行なうものごとにどのくらい価値があると感じますか？」

　こうした調査は、ブレグジット（イギリスのEU離脱）の国民投票のとき、なぜ特定の人々が離脱に賛成し、特定の人々が離脱に反対したかを理解するカギになるかもしれません。

イギリスのシンクタンク「新経済財団」によると、それぞれの個人における「幸福格差」がEU離脱に投票した地域の大きな予測因子だったそうです。

　平均でみると、イギリスでもっとも幸福格差の大きい20の地域では、57パーセントの有権者が離脱を支持し、もっとも幸福格差の小さい20の地域では、43パーセントだったそうです。

　ブレグジット投票の3カ月前に、世界幸福度調査は「幸福格差は所得格差よりも人に与える負の影響が大きい」と指摘していました。そしてこの指摘どおり、所得格差ではなく、幸福格差が離脱票を左右したのでした。

　格差に直面すると怒りを感じるのは、一部の人にかぎったことではありません。実際、人間は不平等や不正に対して反応する心理的なしくみがあります。

幸福格差（イギリスの場合）

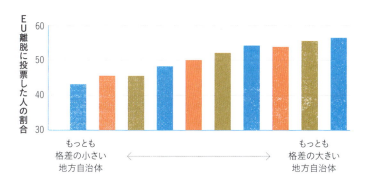

TRUST ── 心地いい「サポートの輪」のつくり方　225

ブドウをもらえない
サルがとった行動

　オランダ生まれの霊長類学者にフランス・ドゥ・ヴァールという人がいます。彼はサルの社会行動を研究しています。

　著書『チンパンジーの政治学』（産経新聞出版）の中でドゥ・ヴァールは、「政治の起源は人類の起源よりも古い」という議論を展開しています（ただし、近年は人間の政治家も、チンパンジーがフンを投げ合うのに近い行動をとりがちなようですけれどね）。

　またこの研究を通して、人間は格差に対して強い反応を示すよう生理的にしくまれているのではないか、という議論も上がってきました。

　ドゥ・ヴァールは、オマキザルを２頭ずつ用い、まったく同じタスクをさせて、格差に反応するようすを観察しました。
　実験では、サルが研究者のもとに石を運んでくると、１頭目のサルは引き換えにキュウリのごほうびがもらえます。するとサルはよろこび、もっとキュウリをもらおうとして、せっせと石を持ってきます。ところが、２頭目のサルが石を運んでくると、キュウリよりももっと好きなブドウをもらえるのです。

　１頭目のサルは再トライします。今度は石を壁にコンコンと打ちつけるなどしてアピールしてから、研究者に渡します。でも、やっぱりもらえるのはキュウリ。
　そこでかんしゃくが始まります。サルはケージをガタガタ揺らし、床を拳でたたいて、研究者にキュウリを投げつけるのです。

226

信頼度は、思いやりの心を鍛えたり、競争より協調だと子どもに教えたりすることで、短期的には改善するかもしれません。でも、それだけでなく、信頼度と幸福度を向上させるために長期的に取り組むべき「何か」があると示唆する実験だと思います。

　自分の幸せは、自分の家族がどうであるかだけでなく、隣の家族がどうしているかといったことにも左右されるというのが、ここでわかることです。

　その「何か」とは、自分は隣人たちの守り手であり、隣人も自分の守り手であるという原理原則を大切にすることです。
　そして、自分たちの社会を、トップでゴールインする人の成功によってではなく、転んだ人をどうやって助け起こしたかによって評価する、ということだと私は思います。

幸せのヒント　小説で「心のトレーニング」をする

文芸小説を読めば、ふだんの交友関係を超えて、人々の行動をよく理解する練習ができます。

登場人物の身になって考えながら、文芸小説を読んでみましょう。ハーパー・リーの『アラバマ物語』（暮しの手帖社）、F・スコット・フィッツジェラルドの『グレート・ギャツビー』（中央公論新社ほか）、ジョン・スタインベックの『怒りの葡萄』（早川書房ほか）などがおすすめです。

また、ふだんの交友関係から一歩踏み出し、自分とはまったくちがう文化や意見を持った人と交流しましょう。たとえば、自分が支持した政策に反対票が多く入った場所を訪れてみましょう。人々の話に耳を傾ければ、「これが自分の人生だったとしたら、この人たちと同じ選択をしたかもしれない」と思えてくるかもしれません。

みんな人間です。大差はありません。ただ、出発点がちがっただけ。耳をふさいで反対意見を聞き入れず、あいつらはバカだ、敵だ、とはねつけるのは簡単ですが、そんなことをしても心がすさむだけです。

ひょっとしたら、憎むべき相手は格差や不正、不平等であって、思いやりや信頼、そして協調こそが、私たちが進むべき道だとわかるかもしれません。

世界各国の「信頼」のカタチ

お財布実験
フィンランド、ヘルシンキ：研究者たちが街のあちこちに財布を「落として」いく。財布には持ち主の名前、携帯電話の番号、家族の写真、クーポン券、名刺、そして50ドル相当（約5,000円）の現金が入っていた。ヘルシンキでは92パーセントの財布が、中に現金が入ったまま戻ってきた。200ページを参照。

パラレル・ナラティブ・エクスペリエンス
イスラエルとパレスチナ：「ペアレンツ・サークル＝ファミリーズ・フォーラム（PCFF）」は、紛争で肉親を失ったパレスチナとイスラエルの遺族の草の根活動組織。「パラレル・ナラティブ・エクスペリエンス」（並行するストーリーの体験）と呼ばれる、紛争の当事者双方が相手方の個人的なストーリーや国家のストーリーをわかり合えるよう支援するプログラムを実施している。会員は定期的に集い、2つの地域の相互理解と相互尊重関係を築く。

ライブアクション・ロールプレイング
（なりきりゲーム）
デンマーク、ウスタースコウ：この街にあるエフタスコーレ（216ページ参照）は、古代ローマで過ごす1週間、ウォールストリートで過ごす1週間など、さまざまな環境を設定し、そこで暮らす人物になりきる授業を取り入れている。とくに発達障害の子どもなどは、社交性や、実社会に起こりうる場面を乗り切るスキルを学ぶことができる。

学びの場としての刑務所
シンガポール：シンガポール刑務所は刑務所を人生の学びの場に変え、協調と更生に焦点を当てている。刑務官は特定の住居区を割り当てられ、担当エリアの受刑者に関するすべての事項の面倒をみるほか、メンター、カウンセラーとしての役割も担う。受刑者は、人生の改善に役立つことであれば、自由に決定していいことになっている。職員のモラルと安全性の向上や、刑務所と外の社会とのよりよい関係の構築、再犯率が10年間で44パーセントから27パーセントに減るなど、さまざまな面ですばらしい結果を生んでいる。

ファベーラ・ペインティング財団
ブラジル、リオデジャネイロ：リオデジャネイロのファベーラ（貧民街）で、芸術家たちがささやかな革命を起こしている。革命の武器は、カラフルなペンキと刷毛。ファベーラの家々の外壁を色とりどりのペンキで塗るのだ。きわめてオープンな活動であり、地元の若者たちがたくさん参加している。みんなで話し合って色を決め、一緒にペンキを塗る。今日では、すっかり生まれ変わった街が旅行者たちを迎え入れる。住人たちも胸を張って「ここが自分の家だ」と言える。

CHAPTER 8

KINDNESS
だれかを笑顔にするために

親切

これまでの人生で私がもっとも刺激を受けた、ある男性のことをお話しします。仮にクラークと呼びますね（正体は伏せておきます）。かぎりなくスーパーヒーローに近い人です。

クラークは、ティムという人が飛行機に乗るのを怖がるので、その恐怖を克服する手助けをするというだけの理由で、ティムのフライトのたびに隣の席に座りました。
ロンドンの地下鉄に障害者がアクセスしやすいようにする、アンソニーの活動も支援しました。
メモリーカードの落とし主を探したり、ある人がずっと会っていなかった父親を探し出そうとしたりもしました。
みんな、面識のなかった人ばかりです。

彼の原動力は「親切心」。クラークは別名「無償お助けマン（The Free Help Guy）」として知られています。

「子どものころ、世界を変える夢を見ていました。でも20代の後半には、ロンドンの地下鉄駅で雑踏に紛れて通勤する毎日でした。いい仕事でしたが、世界を変えられてはいませんでしたね」

「そのうち、無意味な人生を送っているような気分になってきて。通勤も仕事も、全部が苦しかったんです。5年後の自分を想像してみても、きっと同じことをくり返しているにちがいない、でもそれじゃいけないんじゃないかって思って、仕事を辞めました」

　クラークは、それから6カ月間は仕事をしないと自分に誓ったそうです。食い扶持は必要でしたが、それよりも、お金では測れない価値を手に入れたいと思いました。

　そしてクラークは、インターネットに投稿することを決心します——「助けが必要な方がいれば、お助けします。タダです。（お助けの内容が楽しいことで、変わっていて、倫理的に正しいことなら、なお歓迎します）……無償お助けマンより」。

「人助けを自分の手でやりたかったんです。直接自分でやって、しかもちょっとは自由もあれば、と」

　その日のうちに、依頼がありました。
　最初にメールをくれたのは、ジルとリチャードという夫婦でした。彼らは家の空き部屋を、あるホームレスの男性に使わせていました。
「でも、その人は仕事が見つかって、自分で部屋を借りられるようになったんです……次に支援する人を探したいんですが、手伝っていただけますか？」

　ソフィーという女性からは、生まれたばかりの赤ちゃんの命名を手伝ってほしいということでした。クラークは、「ゼウス」という名前はどうかと伝えました。夫婦は結局、ちがう名前にしたそうですが。

　マーゴという女の子は白血病を患い、骨髄ドナーを探す手伝いを必要としていました。
　クラークは80人のボランティアを動員し、フラッシュモブならぬ「支援モブ」で、チラシをそれぞれの地元の検査機関に配りまくり、ドナーを募集しました。

236

マーゴは骨髄ドナーを見つけることができたのですが、命を救うことはかないませんでした。悲しいことに、10カ月後に亡くなったのです。

　人助けをし、話を聞いてあげて、その人の希望や夢や苦しみとかかわりをもてば、悲しみを感じるときも満足を感じるときもあります。人をよく知ると、もっと関心を持つようになります。その人の勝利に貢献し、敗北をわかち合います。
　人生は厄介なことばかりで、人間関係には苦労がつきものです。支援の結果も、ふたを開けてみないとわかりません。かかわりを持つことは、ときに傷つくことも意味します。

　しかし、人助けは目的意識ももたらします。

　エデンは、クラークが知り合ったときは9歳でした。彼女はミオクローヌス横隔膜粗動という病気を患っています。とてもまれな病気で、イギリスの患者はエデンひとりだけです。世界でたったひとりの専門医は、遠く離れたアメリカのコロラド州にいます。
　そこでクラークは、まずクラウドファンディングを開始し、ジャーナリストを集めて取材させ、コロラド行きの旅費と宿泊費、専門医の初診費用に必要な4,000ポンド（約60万円）を準備しました。

　2015年に私がクラークと会ったとき、エデンは「元気にしている」とのことでした。

　クラークはお金では測れない価値を手に入れたいと思っていましたが、お金に代わる新しい「通貨」を見つけたようです。その通貨は、たやすく幸せと交換できます。

「ロンドンは物価が高いから、汗水たらして働かなくちゃって考えている人が多いと思う。でも、手を差しのべる時間だって、まだ見つかると思うのですよ」

実際、クラークへのリクエストでいちばん多いのは、「あなたのお手伝いをさせてくれますか？」だそうです。人はだれかの支援をしたいものなのです。

　人助けはまた、クラークの人生を変えました。
「ワクワクするんです、これまでになかったくらい。与えることは幸せを感じることですね。無償お助けマン活動を通じていちばん助けられたのは、僕自身だと思います」

　現在、彼はフリーランスのビジネスコンサルタントとして働いていますが、死ぬまで人助けを続けたいと思っています。そして、自分がいなくなったあとも、無償お助けマン活動がずっと続いていってくれるよう願っています。

幸せのヒント 『アメリ』が教えてくれたこと

　親切な行動を通して、他人を幸せにする方法を見つけましょう。

　映画『アメリ』はこんなお話です。

　シャイなウェイトレスのアメリが、引っ越したばかりのアパートで古い金属の箱を見つけます。それは10年前、そこに住んでいた男の子の思い出が詰まったもの。アメリは男の子を探し出します。今は大人になっていますが、その箱を返してあげるのです。
　アメリは自分に誓います。「もしも彼を幸せにしてあげられたら、私は自分の一生を、他人を幸せにすることにささげるわ」と。
　その男性はよろこびの涙を流し、アメリは新たなミッションへと乗り出します。ロマンスを取りもったり、世界一周の夢をかなえるよう父親を説得したりします。

　この世界にはもっとアメリが必要です。私たちみんなが、人知れず親切のスーパーヒーローになれたらいいと思いませんか？

今週始める「5つの親切」

1 特別な日でなくても、だれかに
 ちょっとしたプレゼントをあげる。

2 受付係や毎日顔を合わせる人の名前を聞き、
 「〇〇さん」と名前を呼んであいさつする。

3 お弁当を2つつくって、
 ひとつをだれかにあげる。

4 パーティや職場で、
 独りぼっちでいるシャイな人に話しかける。

5 心からのほめ言葉をかける。
 これは今すぐやろう。

情けは人のためならず

中国にこんなことわざがあります。

> 1時間、幸せになりたかったら、昼寝をしなさい。まる1日、幸せになりたかったら、釣りに行きなさい。1年間、幸せになりたかったら、財産を相続しなさい。一生、幸せになりたかったら、人の手助けをしなさい

「利他主義」というのは、他人が幸福であることに関心を持つこと。「利己主義」の反対語ですね。国によって幸福度に差が生じる理由は、この利他主義によってある程度説明することができます。

2012年度の世界幸福度調査によれば、市民に高いレベルの利他主義がなければ、その社会は幸せになれないとのことです。

利他主義は社会を幸せにするだけではありません。個人レベルでも、よい気分になれます。

思い出してみてください、知らない人に何かよいことをしてあげたときのことを。見返りを求めたのではなく、だれかを助けてあげたいという純粋な思いから行動したときのことを。その行動をとったとき、どんな気分になりましたか？

私の思い出は、バナナを1本あげるという単純な行為です。

スーパーマーケットからの帰り道、信号待ちをしていたときのことです。隣には小さな子どもと母親がいました。

子どもはダダをこねて泣いていました。「おなかすいたよ〜」

簡単な解決法があるじゃないですか。買ったばかりのバナナの房から1本もぎとり、母親に手渡しました。

「お子さんにバナナはいかがです？」

あんなに感謝されたことはありませんでした。お母さんは幸せでした。その子も幸せでした。私も幸せでした。

幸せといっても、これは感情レベルの幸せ、つまり「気分がよくなる」ということです。私の幸せの一部は、「ヘルパーズハイ」によって引き起こされたものでした。

ヘルパーズハイとは、「何かよいことをすると、その行ないが脳内でモルヒネ同様の高揚感をいくぶんか引き起こすために気分がよくなる」という理論に基づいた用語です。

脳には側坐核という部分があります。これは報酬中枢としても知られ、食べ物やセックスに反応して活性化される部分です。

ある研究によって、脳の中で食べ物や快楽に反応して活性化する領域は、慈善団体に寄付する自分を想像することでも、やはり反応を示すことがわかりました。

つまり私たちは、人のためになる何かをしたときに、よい気分になるようにしくまれているのです。他人に協力することは、食べることやセックスすることと同じく、私たちの種の存続のために有効だというわけですね。

KINDNESS ── だれかを笑顔にするために

| 幸せのヒント | **「世界親切デー」を祝おう**

　世界親切デーを祝して、友だちを集めて、何かクリエイティブな親切を考えてみるのはいかがですか。

　世界親切デーは、各国の親切運動組織の集まりである「世界親切運動」という団体が1998年につくったもので、毎年11月13日に祝います。イギリスではさらに全国親切デーもあります。今年は3月31日でした。

　友だちを集め、支援を必要としているだれかのために「ヘルプモブ」(お助けフラッシュモブ)をやりましょう。
　1日だけ、ランダムな親切を行なうという手もあります(「ランダムな親切」とは、不特定の状況で見知らぬ人に対して親切な行為をするという意味です)。
　以前、自分に親切にしてくれた人に電話をかけたり、手紙を書いたりしてお礼を言うのもいいですね。

時間を寄付するのもいい

利他主義によって幸せになれるだけではなく、生きがいをつくるきっかけになるかもしれません。

ボランティア活動をする人は、しない人よりも幸せです。社会的な地位など、ほかの要素を取り除いてみても、結論は同じです。
また、ボランティア活動をする人は不安や憂うつも少なく、より有意義な人生を楽しんでいます。

その理由のひとつには、幸せな人ほどボランティアに積極的だということもあるでしょう。もうひとつ考えられる理由は、恵まれない人たちが置かれている環境を知ることで、自分の今の状況に感謝の気持ちが生まれるから、ということです。

ボランティア活動にはすてきな副産物もあります。

私は20代のときに、「赤十字」社の青少年カウンセラーとしてボランティアをしました。
研修期間中、カウンセラー以外の仕事にもかかわるチャンスがあり、ひとつは、あちこちの高校に出向いていって思いやりを育む方法をプレゼンして回る「プレゼングループ」、もうひとつは、赤十字社の広報のお手伝いができる「PRグループ」でした。

私は最初、プレゼングループに入りたいと考えて熱心にアピールしていましたが、ほかの人たちもこのグループに興味を示すにつれ、PRグループのことも肯定的に言及し始めました。すると、隣に座っていた女の子が、いたずらっぽく小声で話しかけてきたのです。

「ねえ、あなたプレゼングループに入りたいけど、定員がいっぱいに
なっちゃうんじゃないかって思ったんでしょ。それでPRグループの
話もするのね。私、わかってるのよ」

　そんなふうに話しかけてきたフレデリッケと私は、もう15年来の
友人です。

　この話には2つのポイントがあります。ひとつは、ボランティア活
動は新しい友だちと出会う格好の場だということ。もうひとつは、自
分の心の奥深くまでわかってくれる友だちをつくりなさい、というこ
とです。

　デンマーク・ボランティア推進協会の調べによると、42パーセン
トのデンマーク人がなんらかの無償の活動をしており、過去5年間で
は70パーセントが参加したということです。このことが、デンマー
ク人が高い幸福度を維持している理由のひとつだといえるでしょう。

　親切がそんなによいものなら、なぜ私たちはもっとやらないので
しょう。

「たいていの人はボランティア活動を他人のためにするものだと考え、
自分のためではないと考えているからだろう」と、ノルウェー社会研
究所のジル・ローガは見ています。

　ボランティアはもちろんほかの人のためになりますが、自分に返っ
てくるメリットも大きいことを、もっと宣伝する必要があるかもしれ
ません。

　大それたことでなくてよいのです。子どもたちのサッカーの練習を
手伝ったり、道を歩きながら知らない人ににっこりほほ笑みかけるの
も、立派な「私とみんなの役に立つこと」なのですから。

244

[ケース・スタディ]
ソフィーの場合

「思い返してみると、うつ病か何かだったのかもしれません」

　イベント業界で働いていたソフィーは、金融危機のあおりでリストラされてしまいました。
「目がまわるほど働いていましたね。仕事が大好きでしたし。でも、時間があったらこんなことをしたいなっていうアイデアも、たくさんありました。ところが、いざクビになったら、ほとんどベッドから出られなくなって……皮肉なものですね」

　それから何カ月も、自分を見失ったようになっていました。
「仕事が自分のアイデンティティだったのに、それがなくなってしまった。社会とのつながりは同僚たちでしたが、それもなくなってしまった。多少はつながっている人もいたけれど、気まずくなっちゃいましたね。前はみんなで仕事の話をしていたのに、私はもうその会話の中には入れなくなったわけですから」

　それから、自分の殻に閉じこもるようになったといいます。みんなが集まるパーティがいちばん苦痛でした。だれもがキャリアの話や、いかに毎日忙しいかを話すのですから。
「だれかとおしゃべりをしているでしょう。すると耳の痛い質問がやってきます。『で、仕事はどうしてるの？』ってね。そのうち、そろそろ聞かれるなって察して、その場を離れるようになりましたね……」

　やがて、「疑心暗鬼の日々」がやってきます。

「自尊心はボロボロでしたね。リストラされたことはもちろん、就職活動もうまくいかず、自分に疑問を感じました。この何年もずっと、"できる"フリをしてたんじゃないか、自信過剰だっただけじゃないか、そして、もう永遠に仕事なんか来ないんじゃないかって思い始めました」

それから何カ月もたちましたが、仕事はまだ見つかっていませんでした。そんなある日曜日、お姉さんから電話がありました。

「姉はボランティアをしていて、彼女のマンションでケーキを売るバザーをやる予定でした。だけど、急に子どもを病院に連れていかなきゃならなくなって……」
それで、近くに住むソフィーに、ケーキを取りにきて代わりにバザーをやってほしいと頼んだそうです。

「前にも一緒にバザーをやらないかって誘われていましたが、いつも断っていました。でもあの日の午後、しばらくぶりに自分を取り戻したような気がしました。イベント業界で仕事をしていましたから、ま

KINDNESS ── だれかを笑顔にするために

さに水を得た魚という感じで」
「以前の自分を思い出して、できるフリなんかじゃなかったと思いました。バザーは大成功でしたから！」
　それからというもの、お姉さんと一緒にボランティアに参加するようになりました。

　現在は再びイベント業界で仕事をしています。バザーに来たある人が、彼女のイベント企画の才能を見いだしてくれたのだそうです。
　でもソフィーはボランティア活動も続けています。
「理由は2つありますね。姉にしょっちゅう会えること、そしてケーキが食べられること！」

幸せのヒント　**何かボランティアをしてみよう**

　人を助け、地域社会をよりよくして、自分の生きがいにしましょう。

　1回きりのことでも、継続的なことでも、ボランティアをすると、さまざまなメリットがあります。

　ボランティア活動は想像以上にバラエティ豊かですから、自分個人の目標や興味と結びつけてもいいですね。

- 政治に情熱を燃やしている人は、地元の政治家を支援するボランティア活動をしましょう。
- 外国の文化をもっと知りたい人は、外国人居住者の相談役になりましょう。
- アウトドアが好きな人は、環境団体による自然歩道の維持活動に参加しましょう。
- 運動をもっとしたい人は、スポーツクラブなどのコーチをしましょう。
- 音楽の演奏が得意な人は、高齢者施設に連絡して、慰問演奏をさせてもらいましょう。

　地元の自治体などが運営しているボランティア活動のポータルサイトをのぞいてみましょう。たとえば、イギリスでは do-it.org というサイトがあり、100万件以上の案件が掲載されています。毎月20万人もの人々が自分の時間を寄付し、さまざまな経験を積んでいます。

　まだ迷っている人は、1日だけ、何か試してみましょう。友だちと一緒なら勇気が出るかも。あるいは、活動先で友だちができるかもしれません。

仏頂面の国民

デンマーク人はいつもほっこり幸せな笑顔で歩いていると思われているかもしれません。

しかし、そうでもないのです。デンマーク人はよく、ふつうの顔が仏頂面だとか、ゾンビのようなうつろな目つきだとかいわれます。

デンマーク人が外国へ旅行に行くと、外国の人は笑顔が多いことに気づくといいます。でも、ロンドンの人たちにいわせると、デンマーク人はよく笑顔でいると思うそうです。
どちらが本当なのでしょうか。

この質問に答えるため、私は3年前からデータを集め始めました。その間に訪れた都市のほとんどで、笑顔の頻度を測定しました。

ハピネス・リサーチ研究所では現在、世界の20以上の都市に3万カ所以上のデータ集計基地を置いています。
いったいどうやって笑顔の頻度を測定するのかって？　特別なことはしません。旅先のカフェに腰を落ち着けて、コーヒーを飲みながら行き交う人々をながめるだけです。

観察する人々は無作為です。ある人を5秒間観察して、性別とおおよその年齢を書き、その人が笑顔でいるかどうかを記録します。だれかと一緒に歩いているか、何をしているかも書き留めます。コーヒーを飲んでいる、電話で話している、犬の散歩をしている、など。

こうして、何千人という人々の動作を観察しました。携帯電話で話す人たちは何百人といました。手をつなぎ合う人たちは何十人といました。ひとりだけ、鼻をほじっている男性がいました。

　収集したデータを分析してみると、いろいろなパターンに気がつきます。イタリアのカップルは年齢に関係なく手をつなぐ頻度が高い、メキシコ人はよく何かを食べながら歩いている、パリとバンクーバーでは犬の散歩をする人が多い、というようなことです。

　最大の難問は、地元の人だけを選んで記録することです。観光客はノー・カウント。
　カメラと地図を手にしてキョロキョロしている男性は、おそらくそこに住む人ではないでしょう。一方、両手いっぱいに食料品を抱え、ミラノのドゥオーモ大聖堂の脇を、見上げることなく足早に通り過ぎる女性は、地元民だとほぼ特定できます。

　さて、本題です。
　デンマーク人は世界のだれよりも笑顔が多かったでしょうか。
　答えはノーです。イタリアのミラノもほぼ同じでした。スペインのマラガの人々は、デンマーク人よりももっと笑顔でした。

KINDNESS ── だれかを笑顔にするために

しかし、コペンハーゲンの人たちは、ニューヨーク、マラケシュ（モロッコ）、ワルシャワ（ポーランド）の人たちよりも笑顔です。

　平均して、コペンハーゲンでは笑顔の割合が 12.7 パーセントでした。ニューヨークでは 2 パーセント以下。マラガがもっとも高く、14 パーセント近くでした。

　しかし、これを額面どおりにとらえるのは無理があります。なぜなら、だれかと一緒にいるかどうかで、結果がちがってくるからです。ひとりでいるときは、人はめったに笑いません。これは、訪問したどこの国でもそうでした。

　ひとりで歩くか、だれかと一緒に歩くかは、笑顔の頻度に大きくかかわってきます。

　ニューヨークやソウル、リガ（ラトビア）といった都市では、昼間はたいていの人がひとりで歩いています。だれかと一緒なのは 5 人にひとり以下で、当然、笑顔の比率も低くなります。

　逆に、マラガやミラノといった笑顔の比率が高い都市では、だれかと一緒にいる人が多いのです。

　ですから、都市のどの場所で笑顔を測定するかも影響します。

　ロンドンを例にとると、街に中心にある公園では友人同士や家族連れがよく散歩していますから、市の中心部にある人が行き交う大通りに比べ、高頻度で笑顔が見られます。

街なかで笑顔でいる人の割合

1位	2位	3位
マラガ (スペイン)	ミラノ (イタリア)	コペンハーゲン (デンマーク)
13.9%	**12.7%**	**12.7%**

クアラルンプール(マレーシア) **12.5%**

マドリード(スペイン) **9.5%**

モントリオール(カナダ) **9.5%**

グアダラハラ(メキシコ) **9.2%**

ストックホルム(スウェーデン) **9.2%**

リスボン(ポルトガル) **7.7%**

リガ(ラトビア) **7.1%**

マラケシュ(モロッコ) **6.8%**

バンクーバー(カナダ) **6.8%**

ワルシャワ(ポーランド) **6.2%**

パリ(フランス) **5.1%**

ヘルシンキ(フィンランド) **4.7%**

ソウル(韓国) **4.7%**

アムステルダム(オランダ) **4.4%**

ロンドン(イギリス) **4.3%**

ダブリン(アイルランド) **4%**

リール(フランス) **3.3%**

ニューヨーク(アメリカ) **1.4%**

出典:ハピネス・リサーチ研究所

文化も関係します。ある国々では、笑顔の人は親切でフレンドリーで魅力的だと見られますが、一部の国々では、笑顔の人は頭がよくないと思われてしまうのです。

　ポーランド科学アカデミーの心理学者クバ・クリスの研究チームによる研究があります。
　研究チームは、44の異なる文化を背景に持つ合計 4,519 人の人たちに、笑顔の写真とそうでない写真を見せました。そして、写真の中の人たちがどのくらい誠実そうか、どのくらい知能が高く見えるか、点をつけてもらいました。

　その結果が下のグラフです。
　左の赤線より左にある国では、笑顔の人は笑顔でない人に比べて大幅に知性が低いとみなされます。右の赤線より右にある国では、笑顔の人のほうが大幅に知性が高いとみなされます。

笑顔は知性のしるし？
数値が高いほど、知性的に見られていることを意味する。

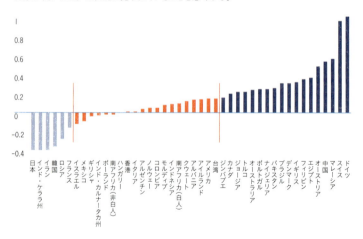

出典：クバ・クリス他　「笑顔を見せる場所に注意：文化によって個人の笑顔から感じ取る知性と誠実さの度合いが変わる」　非言語言動ジャーナル　2016年

ドイツ、スイス、マレーシアでは、笑顔の人は知性が高く、日本、韓国、ロシアなどでは、知性が低いということになります。

実際、ロシアにはこんなことわざがあります——「意味のない笑顔はバカのしるし」。

幸せのヒント　知らない人にもにっこり笑って話しかけてみよう

笑顔で友好的に会話することを心がけましょう。お金はかかりません。スマイルは0円です。

ちょっとした雑談をしましょう。相手をほめましょう。アメリカ人はこういうのが得意ですね。逆にデンマーク人は、知らない人とフレンドリーにしゃべるのが苦手だといわれます。

私も努力していますが、よく失敗します。数年前、コペンハーゲンのある大学でエレベーターに乗りました。中には私とそっくりな、服装などまるで同じ男性がいました。

眼鏡をかけ、茶色の革のブリーフケースを持ち、紺のスラックスに白シャツ、茶色のブレザー。おどろいて、「生き別れの兄弟かもしれない」と思ったほど。

そこで、親しく声をかけてみました。

「あなたも双子の研究でお越しですか？」

「いえ」

あとは長い長い、沈黙のエレベーターでした……。

だいたいスベってしまいますが、たまにはうまくいきます。するとたった5秒間だけでも、世界がよくなった気がします。

もしかするとその5秒が、やさしい世界に向けてのはじめの一歩なのかもしれません。千里の道も一歩から。そう覚えておいてくださいね。

手を差しのべる勇気

かつて、偉大な作家のマーク・トウェインはこう書きました。「親切は、耳の不自由な人にも聞こえ、目の不自由な人にも見える」と。ロバート・レヴィーンは、それを文字どおりにとらえました。

彼が6歳だったある日、ニューヨークの混雑した歩道のど真ん中で倒れている男性を見かけました。通りすがりの人々は、その男性を無視するばかりでなく、近寄らないようにして歩いていきました。

それから何年もたって、ミャンマー旅行中のレヴィーンは、ヤンゴンの混み合った市場にいました。太陽がじりじりと照り、空気はほこりっぽく、息をするのも苦しいほどでした。

突然、大きな荷物を抱えた少年が、人混みの真ん中で倒れました。人々はすばやく、彼のまわりに集まってきました。だれかが医者を呼びにいっている間、屋台主たちが店を放ったらかしにして、水を持ってきたり、毛布を頭の下に敷いたりしていました。

現在、レヴィーンはカリフォルニア州立大学で心理学の教授をしており、人々が互いをいたわるアプローチがなぜ都市によって異なるのか、といったことを研究しています。

レヴィーンは3つの実験をしました。いずれも、混雑した道路で人間の親切心を試す実験です。

まず、知らない人が助けを必要としているという状況をつくります。「ペンのシナリオ」では、実験スタッフが道路にペンを落とします。本人は気づいていないふうです。

「ケガのシナリオ」では、スタッフがギプスをつけた足を引きずりながら歩き、雑誌を落としますが、なかなか拾えずにいます。

「盲目のシナリオ」では、スタッフが視覚障害者をよそおって、車通

りの激しい交差点の角に立ち、だれかが道を渡る手助けをしてくれるのを待ちます。

　研究によると、都市において人々がどの程度助け合うかは、その都市の混み具合が大きく関係しているといいます。

　人が多いほど、個々のつながりは断ち切られ、他人への責任を感じなくなり、手を差しのべることに消極的になります。
　アメリカの24の都市を比較したところ、手助けする人がもっとも少なかったのがニューヨークで、もっとも多かったのはテネシー州のノックスビルでした。

　世界一親切な人が多い街はブラジルのリオデジャネイロでした。コペンハーゲンなどより、もっとやさしい街です。リオのほうがコペンハーゲンの20倍も人口が多いのにですよ。

　ちなみにコペンハーゲンは、視覚障害者を助ける人よりも、ペンを拾ってあげる人のほうが多い街でした。理由はたぶん、デンマーク人はペンのような個人の持ち物に高い価値を置くからだと思います。

　では、リオのような混み合った街で、なぜそんなにも親切な人が多いのでしょうか。

KINDNESS ── だれかを笑顔にするために

> 幸せのヒント **お節介を焼こう**

「何か私にできることがあったら言ってね」といううわべだけのセリフはやめましょう。相手のことをよく見れば、何をしてあげたらいいかはわかるはずです。

　高校時代のある日の午後、私が家に帰ると、お隣のニルスがショベルで私道に砂利を入れていました。私もショベルを出してきて手伝いました。手助けが必要だということは目に見えていたので、たずねる必要もありませんでした。

　数年後、私の母が亡くなりました。数日たって、ニルスと妻のリタが玄関のベルを鳴らしました。
「今夜、晩ごはんを食べにきてね」
　そういう雰囲気の地域でした。助けが必要ですか、なんて聞かず、その人が必要としているものを与えるのです。

　重要なのは、もったいぶっていないでとにかく助けるんだ、という意志です。

カリフォルニア州立大学のレヴィーンの同僚で社会心理学者のアロルド・ロドリゲスは、「これは言語と文化に理由があるのではないか」と考察しています。

「ブラジルには、ある大切な言葉があります。『simpático(シンパティコ)』という言葉です。これは、友好的であること、快いこと、感じがよいこと、気だてがよいこと、一緒にいて楽しい人であること、つき合いやすい人であることといった、ある種の社会的に望ましい資質を指す言葉です。ブラジル人はシンパティコな人に見られたがります。だから、わざわざ見ず知らずの人を助けようとするのです」

　サンホセ、メキシコシティ、マドリードなどヒスパニック系の都市で親切な人が多いことも、この言葉で説明がつきます。

　レヴィーンの研究では、忙しい社会では人々の親切もぞんざいなやり方になることが示されています。
　リオでは、ペンを落とした人の後ろを歩く人が、ペンを拾って手渡してくれますが、ニューヨークでは「おい、ペンを落としたぞ」と大声で言うだけで去っていってしまうのです。

　レヴィーンは、ニューヨークの人々がたとえばインドのコルカタの人々より親切心に欠けるというわけではないと考えています。
　たくさんの人が都市に流入するこの時代、人口密度が高くなってもみんなが親切でいられるにはどうしたらよいか、ということをひとりひとりが問いかけていかなければなりません。

KINDNESS —— だれかを笑顔にするために　**259**

見ず知らずの人を助ける意欲

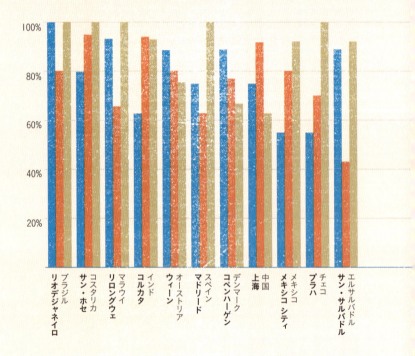

出典：ロバート・レヴィーン「見ず知らずの人の親切：都市部の道路においてだれかを助ける機会を得たときの、人々の意欲は世界中でかなり異なる」『アメリカン・サイエンティスト』誌 2003年

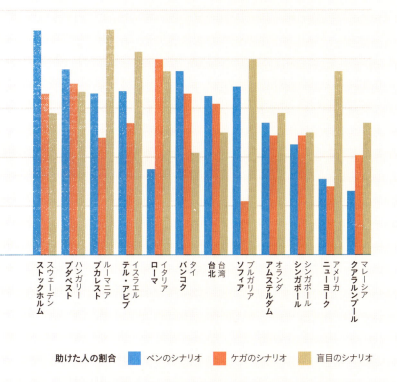

ありえないほど
フレンドリーな活動

「デンマーク人は世界一幸せなのだから、世界一フレンドリーだと思われるでしょう。でも、そうでもないんです」

ラースはアメリカ人の父とデンマーク人の母を持つ男性で、「Fucking Flink（ファッキン・フリンク）」活動の創設者です。Flink（フリンク）というのは、デンマーク語で「親切」「快い」「フレンドリー」「気だてがよい」という意味の言葉です。

彼は2010年に『ファッキン・フリンク──世界一幸福な人々がめちゃめちゃフレンドリーになるには』（未邦訳）という本を出しました。

「お元気ですか」とか、「お願いします」「ありがとうございます」といったあいさつを励行させるつもりではありません。本物のフレンドリーさ、まわりの人への気づかいをしようというのです。

ラースは、私の知人の中でももっとも心の温かい男性のひとり。「気づいたんだけど、われを忘れて他人のことに集中してるときがいちばん幸せなんだよね」

彼はフェイスブックのページを開設し、メンバーに「いいことをした人」の話題を投稿してもらうことにしました。

2012年に、これがデンマークでもっとも急成長したフェイスブックのページとなり、現在では20万人のメンバーがいます。この国の人口が550万人ですから、悪くない数字です。

「スーパーマーケットで男の子を連れた夫婦を見かけました。8歳ぐらいのダウン症の子でした。買い物かごに商品を入れてレジに行くと、レジ係がお客さんの立つ側にいて、レジにはそのダウン症の子が座っていました。それも満面の笑顔で。両親の買い物の会計をしていたんです。『ほかに何か必要ですか?』なんて聞いてみたりして。両親がお金を払ったあと、その子はレシートを手渡して、レジ係にハイタッチしました。

　……お店を出たとき、私まで満面の笑顔で、心が温かくなっていたんです。こんなふうにとてもやさしい人たちがいて、時間を割いてでも他人に親切なことをしてくれることが本当にうれしいです」

　これは何千という投稿のほんのひとつですが、まちがいなく「いいことをする人」を増やすきっかけとなっています。

　だれかを家まで車で送ってあげたり、悲しそうにしている子におもちゃをあげたり……。
　ある病院の待合室には、毛糸と編み針と編みかけのマフラーが置いてあって、こんなメモがついています——「待ち時間にご自由に編んでください。でき上がったマフラーはホームレスの人に寄付します」

　昨年、ラースと仲間たちは、親切心の効果を調べる、ある実験を行ないました。
　981人の参加者が、無作為に2つのグループに分けられました。ひとつは対照群で、ふだんと変わらない行動をとる人たち。もうひとつは実験群で、1週間、毎日何かひとつ親切な行ないをする人たちです。

　実験の前後で、参加者全員に、自分の幸せについてさまざまな質問をしました。その結果、親切な行ないを1週間した人たちは、実験が終わったあと、怒りが少なく、笑顔が多く、よりイキイキとしていたそうです。

　参加者は、自分がした親切な行ないを書き留めました。ある40代の女性はこう書いています。

「スーパーマーケットのレジ係にお菓子をあげたら、彼女はびっくりしながらも笑顔を受け取ってくれました。子どもたちも一緒だったのですが、お店を出たあと、『ママ、よかったね。またやろうよ』と言っていました。子どもたちにも大切な何かを伝えられたような気がします」

世の中をもっと親切で幸せにしようと取り組んでいるのは、ラースだけではありません。

イギリスでは、幸せ推進運動を実施し、幸せな生活のカギをにぎるキーワードとして「親切」を推しています。アメリカでは、ランダム・アクト・オブ・カインドネス財団が「ラクティビスト」（ランダムな親切活動家）を勧めています。

「Be My Eyes（私の目になってください）」はデンマークのスマホ・アプリで、世界中の全盲・視覚障害者と目の見える支援者をビデオ通話で結びつけるサービス。無料でダウンロードでき、使用料もかかりません。

支援者は、モノの識別を助けたり（トウモロコシの缶詰か、豆の缶詰かなど）、色合わせや色の説明をしたり、なくし物を探したり、電気がついているかどうかを教えてあげたりします。

アプリは言語とタイムゾーン（時間帯）によってマッチングする人を選びます。だから、深夜に助けが必要なとき、わざわざ寝ている人を起こさなくてすむしくみです。

このアプリは150カ国で使用され、3万5,000人以上の全盲・視覚障害者が50万人以上の支援者に支援されています。つまり、1人につき14人の支援者がいるという計算です。

これはまさに、人々がいかに人助けをしたいと望んでいるかという証。ツールがあって、需要と供給が合いさえすれば可能なのです。

264

幸せのヒント 「一日一善」を習慣にしよう

「ちょっといいこと」を始めてみませんか？

「ランダム・アクト・オブ・カインドネス財団」のウェブサイトに登録して、親切を世界に広げるコミュニティの一員になりましょう（www.randomactsofkindness.org）。もしくは、デンマークの Fucking Flink（www.fuckingflink.dk）のような、地域の親切活動に参加しましょう。

　小さなことから始めればよいのです。だれかを（お世辞ではなく）ほめる、旅行者の道案内をする、読んで感動した本をだれかにあげる、自分の大切な人にその思いを伝えるなど、できることはたくさん転がっていますよ。

"人をつなぐ"世界各国の「やさしさ」

無償お助けマン
イギリス、ロンドン：匿名の男性が（ほぼ）どんなことでも無償でお助け。見返りは自分の生きがいと幸せ。234ページを参照。

思いやりプレゼント運動
インド、ハイデラバード：富裕層の学校と貧困層の学校の子どもたちがペアとなり、手づくりのプレゼントを交換して、社会的な障壁をなくす取り組み。

ホームレス支援
ポーランド、ワルシャワ：街の広場の真ん中に細長いロッカーがあり、ホームレスの人たちに1人1個の箱が与えられ、箱の表に自分がいちばん必要としているものを書いておく。通りすがりの親切な人たちがそれを見て、必要な物資を入れてくれるしくみ。

野良犬の餌やりとゴミ削減
トルコ、イスタンブール：トルコの企業「プゲドン」は、野良犬を飢えさせないよう、空のペットボトルを入れると犬の餌が出てくる自動餌やり機を開発した。機械の上の穴にペットボトルを入れると、下に餌が落ちてくる。このスマート・リサイクリング・ボックスは市に経費がかからない形で運営され、集まったペットボトルの収益で餌代をカバーする。

もっともフレンドリーな人々
スペイン、マラガ：ハピネス・リサーチ研究所では、世界の20以上の都市で路上における笑顔の頻度を調査しており、マラガがトップという結果。252ページを参照。

もっとも親切な人々
ブラジル、リオデジャネイロ：知らない人が落としたペンを拾うかどうかの実験や、目の不自由な人が道を渡るのを助けるかどうかの実験で、ブラジル人がもっとも親切なことがわかった。257ページを参照。

CHAPTER 9

「パズルのピース」を
はめていく

光と影があるように

「フランス人は愚痴が大好きだからでしょう？」

　フランスのとある大学で講演をしていたときのこと。なぜフランスは幸福度ランキングで比較的低い位置づけなのかという難問に、聴衆のひとりが考えを述べてくれました。

　それから数週間後に、あるエストニア人がこんなことを言っていました。
「エストニアはすばらしい国だけど、僕たち国民は何かにつけ愚痴っぽいんだよね」

　半年後、ほかにもそう言った人がいました。
「ポルトガル人は愚痴っぽいですよ」

　おそらく「愚痴を言う」ことは、フランス特有でも、エストニア特有でも、ポルトガル特有でもなく、人類共通のものなのでしょう。だれもがみな、気に入らないことにブツブツ文句を言うことが大好きなのです。

　人類共通の特徴なら、「愚痴るよろこび」という意味の単語があってもよさそうなものですね。

　こんな言葉はどうでしょう。
「Beschwerdefreude」（ベシュヴェルダフロイデ）

　これは私がでたらめにつくったドイツ語です。
　なぜかというと、ドイツ語には、ほかの言語ではおよそ見かけないような単語がたくさんあるからです。

270

たとえば——
Weltschmerz（ヴェルツシュメルツ＝世界のありようから引き起こされる悲しみ）
Schadenfreude（シャーデンフロイデ＝他人の苦しみを見て感じるよろこび）
Drachenfutter（ドラッヘンフター＝「竜のエサ」＝お詫びの品）
Torschlusspanik（トーシュルスパニック＝自分がもう年老いてしまっていろんなチャンスが消えていくのではと恐れる気持ち）
Kopfkino（コプキノ＝「脳内ドラマ」＝頭の中でシナリオを最初から最後まで想像すること）

　私たちはなぜ、ネガティブなことに惹かれてしまうのでしょうか。

　ハーバード・ビジネス・スクール教授のテレサ・アマビールは、「聡明だが残酷」という題名の研究で、『ニューヨーク・タイムズ』紙の書評を用いて、人々に評論家の知性を評価してもらいました。

　アマビールは書評の内容を少し変えて、片方はポジティブ、もう片方はネガティブという2パターンを用意しました。
　ただし、実際は単語を変えただけでした。たとえば、「刺激に満ちた」を「刺激に欠ける」にしたり、「卓越性」を「凡庸さ」にしたりしただけで、文章の構成はまったく同じです。

　ポジティブな書評はこんな感じです。

「アルビン・ハーターの刺激に満ちた128ページのデビュー小説。彼が才能にあふれるアメリカ人作家だということがわかる。
　彼の中編小説『長い夜明け』は、あえて散文詩と呼んでもよく、大

きなインパクトがある。人生、愛、死といったごく基本的なテーマを扱っているが、それをひときわ鮮やかに描いており、どのページにおいても卓越性を極めている」

　一方のネガティブな書評はこうです。

「アルビン・ハーターの刺激に欠ける 128 ページのデビュー小説。彼が才能に恵まれないアメリカ人作家だということがわかる。
　彼の中編小説『長い夜明け』は、あえて散文詩と呼んでもよく、まったくインパクトがない。人生、愛、死といったごく基本的なテーマを扱っているが、それをつくづく退屈に描いており、どのページにおいても凡庸さを極めている」

　被験者の半分がポジティブな書評を読み、もう半分がネガティブな書評を読んで、評論家の知性と専門知識の高さを評価しました。その結果、ネガティブな評論家のほうが知性が 14 パーセント高く、文学の専門知識も 16 パーセント多く持っているという評価になりました。書評の対象はまったく同じで、ちがいはポジティブかネガティブかということだけなのに。

　アマビール教授は、「ネガティブなことを書くほうが、より賢く洞察力に富むとみなされる」と書いています。よいことはだれでも言えますが、批判は専門知識がないとできないだろうと考えるのです。

　ですから、私たちが愚痴を言うひとつの理由は、自分を賢いように見せるためかもしれませんね。

　あるいは、進化のために、ネガティブなことや悪い出来事をクローズアップするよう、遺伝子に組みこまれているのかもしれません。
　危険を招くような出来事を上手に記憶できる種ほど、生存の可能性が高くなります。

　それに、多くの人は、ほめられたことよりもけなされたことのほうを、はるかによく覚えているものです。

「パズルのピース」をはめていく　**273**

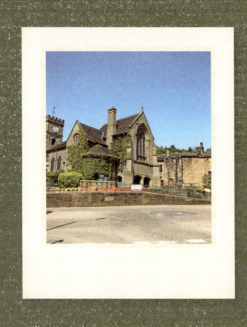

「ポジティブなほう」に目を向ける

———

　ポジティブなことに意識を向け、記憶にとどめることは、自然にできることではありません。なぜなら、人間はどうしてもネガティブなことに惹かれてしまうからです。

　でも、考えてみてください。だれかが親切にしてくれたり、物質的な豊かさを超えた幸せを見いだしたりしたとき、それを見過ごすのはもったいないと思いませんか？

　この本でご紹介してきた「一体感」「お金」「健康」「自由」「信頼」、そして「親切」——幸せのカギをにぎる要素は、すべてつながっています。
　こうした要素をパズルのピースのようにつなげていけば、これからの人生においてより幸せなストーリーを描けるだけでなく、子どもたちのために明るい未来を築くことにもなると、私は信じています。

　幸いなことに、すでにそのパズルを完成させた場所がいくつかあります。
　そのひとつがイギリスのトッドモーデンという小さな町。つい最近まで、ここは何の変哲もない場所でした。人口たった5万人の町は、かつて産業革命で栄えましたが、今は静かな田舎の町です。

　ですが10年ほど前に、ある市民団体が革命を起こしました。そのひとり、パム・ウォーハーストは実業家で、トッドモーデン議会の元議長です。

「パズルのピース」をはめていく　**275**

ウォーハーストは「地元の食材で世界を変えませんか？」と呼びかけ、あるカフェで集会を開きました。60人が参加しました。

「少し話し合ったあと、ある人が立ち上がって言いました。『とにかくやってみようじゃないか。作物は栽培できる。みんなで分け合うこともできる。料理もできる。会議とか報告書とか、そんなの必要ないよ。とにかくやってみればいいさ』。そこで大喝采が起こりました。その瞬間に、何かいいことができると確信したんです」

これが「インクレディブル・エディブル活動」の始まりでした。

現在、町なかの空きスペースのほとんどすべての場所に、花壇や果樹園、菜園がつくられています。警察署や消防署の前、駐車場や駅のまわり、そして墓地にも。そう、墓地ですよ。土がものすごく肥えているのだそうです。

だれもがみな、作物を自由に収穫でき、お金もいりません。

どの学校でも、野菜と果物を栽培しています。ある学校では、生徒たちが近くの菜園づくりを手伝いました。今では農業も授業の一環です。この取り組みは、生徒たちの食と健康に対する考えを刷新しました。

世代や性別、文化のちがいを超えたみんなをひとつにする共通言語を、この町は見つけました。

食事は人間に必須ですから、食べ物の話をするというのは、人々の団結をうながすもっともシンプルな方法にちがいありません。

地域の住民はみんな、町をよくするために何か行動を起こしたがってはいたのですが、具体的に何をしたらよいかが、はっきりしていなかったのです。

　栽培する人、菜園の看板をデザインする人、調理する人。定期的に参加しても、予備軍として待機してもOK。特別なイベントがあるときや多くの人手が必要なときには、何百人も動員されます。

　また、地域経済に対する自信が生まれ、新たな観光資源が創成されました。「野菜ツーリズム」です。
　店頭に並ぶ地元産の食材の割合が増え、食料品を扱う店舗の49パーセントが、インクレディブル・エディブル活動のおかげで利益がアップしたと言っています。

　また、「エブリ・エッグ・マターズ」（卵のひとつまで大切に）という活動をスタートし、鶏の飼育と卵の直売を推奨しています。地元の卵が買える場所が最初は4軒だけでしたが、今では60軒以上に増えました。

　小さな町トッドモーデンは、プレゼン資料一枚もなく、政府の補助金などにもいっさい頼らずに、こんなことを成し遂げたのです。そしてこの取り組みはイギリス中、さらには世界中に広がっています。

　世界中の多くの地域で、人々が「自分は行政のお客さまだ」という考えをあらため、地元を支える活動を始めています。そして、自分の住むコミュニティや自分の人生について何がベストで、どう変えていけばよいかを考えていかなくてはなりません。

　彼らは、文化人類学者マーガレット・ミードの言葉を、身をもって証明しているといえるでしょう。それは、こんな言葉です。

> ほんのひとにぎりの思慮深く意志の強い市民が世界を変えられるのだということを、疑ってはならない。まさにそれが、これまで唯一の手段だったのだから

幸せのヒント　**組み合わせて工夫しよう**

「幸せにつながる6つの要素」を組み合わせてみましょう。

　ここまでで学んできたことを互いに組み合わせてみましょう。たとえば、「親切」をその他の要素と組み合わせると……。

　親切な一体感。引っ越してきたばかりの人をディナーに招待しましょう。
　親切なお金。2000円でだれかのために、何かできないかを考えてみましょう。
　健康な親切。チャリティーマラソンに参加しましょう。友人の子どもの世話を引き受けたり、冷凍保存のきく食事をつくってあげたりして、子育て中の人たちを一晩だけ解放してあげるのもいいですね。
　親切な信頼感。見知らぬ人への親切で、信頼をつくりましょう。そうすれば、「世の中にはまだこんなにいい人がいるんだ」と感動してもらうきっかけになります。

　こうして、パズルのピースを組み合わせていくのです。その広がりは無限大ですよ。

「いいこと探し」の旅を続ける

この本は、世界中で起こっている問題を過小評価する目的で書いたものではありません。多くの人たちが苦しんでいることも、今の時代がどんなに大変かということも、人類の大半がどれだけ大きな危機に瀕しているかといったことも、私には痛いほどよくわかります。

しかし、恐れや不信感、皮肉にかかわっている時間はありません。そんなものが私たちを幸せに導くことは、けっしてないのです。

私たちを進歩させるのは、信頼と協調の精神、そして、人々は互いに守られて生きていくという認識です。
私たちを進歩させるのは、恐れから解き放たれ、見知らぬ人にも親切にすることです。
私たちを進歩させるのは、都市を再設計することで健康と幸せを目標にし、生活の質をお金に依存させないことです。

今こそ、この世界の「よいもの」を探し求めるときです。それには、あなたの助けが必要です。

この本の目的は、みなさんを宝探しの旅にお連れすることでした。いかがでしたか？ 幸福の宝箱が少し見えてきましたか？ ほかにもまだまだ探すものがたくさんありそう、と思っていただけましたか？ もし、そう思っていただけたなら、こんなにうれしいことはありません。

幸せをさらに追求し続けてください。この世の中に存在する「よいもの」を探し、そこに光を当てましょう。

幸せをアップさせる何かを見かけたら、それについて話したり、書きとめたり、写真を撮ったり、映像に残したりして拡散してください。

ハピネス・リサーチ研究所では、ソーシャルメディア上でハッシュタグ「#Look4Lykke」をフォローしています。

生活の質を向上するためにどんなことが行なわれているのか、教えてください。どんな方法が幸せの第一歩になるか、教えてください。

まだ存在を知られていない地域のミニ図書館や、コミュニティ菜園などを探しています。個人や世界にポジティブなインパクトを与えるストーリーやアイデアに耳を傾けています。

自分の住む世界にどうしたらポジティブな影響を与えられるか、みなさんがその方法を探してください。私たちみんなの世界のためにも。

夢見る人、夢を実行に移す人がもっともっと必要です。親切のクリエイターや幸せのヒーロー、変化のチャンピオンがもっともっと必要なのです。

今の世界の動きを見て、「そんなものは偽善だ」と言う人もいるでしょう。でも、希望にウソ偽りがあったことは、今までに一度もありません。

そして、覚えておいていただきたいことがあります。

悲観しても意味がないということです。

悲観してよくなったことなんて、人類史上何もないのですから。

「パズルのピース」をはめていく　**281**

世界の幸福度マップ
2015 ～ 2017年世界幸福度調査による

カナダ **7**

アメリカ **18**

コスタリカ **13**

ブラジル **28**

チリ **25**

ヨーロッパ拡大図

アイスランド **4**

イギリス **19**

デンマーク **2**

ノルウェー **2**

フィンランド **1**

スウェーデン **9**

アイルランド **14**

オランダ **6**

ドイツ **15**

ベルギー **16**

ルクセンブルク **17**

フランス **23**

オーストリア **12**

スペイン **36**

スイス **5**

イタリア **47**

ギリシャ **79**

主な国の幸福度ランキングを紹介します。
気になる"あの国"は何位でしょうか？

👑 + 数字 = 1〜3位
🟡 + 数字 = 4〜10位
⚫ + 数字 = 11位以下

出典：World Happiness Report 2018

PHOTO CREDITS

p.9 Kostenko Maxim/Shutterstock

p.12 Ty Stange/Copenhagenmediacenter

p.14 Kay Wiegand/Shutterstock

p.22 D A Barnes/Alamy Stock Photo

p.31 Kristian Pontoppidan Larsen/
recordingsofnature.wordpress.com

p.33 Africa Studio/Shutterstock

p.37 Copenhagenmediacenter

p.42 Ty Stange/Copenhagenmediacenter

p.45 Watcharin wimanjaturong/Shutterstock

p.54 Shani Graham/ecoburbia.com

p.65 Rasmus Flindt Pedersen/
Copenhagenmediacenter

p.75 Route66/Shutterstock

p.79 Ekaterina Pokrovsky/Shutterstock

p.80 Graphic Compressor/Shutterstock

p.87 PixieMe/Shutterstock

p.93 Monstar Studio/Shutterstock

p.100 adapted from a photo by Lisovskaya
Natalia/Shutterstock

p.107 Alexilena/Shutterstock

p.108 Photo_master2000/Shutterstock

p.110 James Whitlock/Shutterstock

p.112 Kim Chongkeat/Shutterstock

p.123 Jonathan Nackstrand/Shutterstock

p.131 Daxiao Productions/Shutterstock

p.135 Kasper Thye/Copenhagenmediacenter

p.137 IR Stone/Shutterstock

p.141 Skylines/Shutterstock

p.144 Freebilly/Shutterstock

p.149 Daria Garnik/Shutterstock

p.159 Mapics/Shutterstock

p.161 Rawpixel.com/Shutterstock

p.164 Nataly Dauer/Shutterstock

p.166 Rawpixel.com/Shutterstock

p.176 Purepix/Alamy Stock Photo

p.179 Iravgustin/Shutterstock

p.191 E2dan/Shutterstock

p.204 Tatiana Bobkova/Shutterstock

p.214 Rishiken/Shutterstock

p.220 Studio 72/Shutterstock

p.229 Tim Gainey/Alamy Stock Photo

p.235 All Around Photo/Shutterstock

p.245 Purino/Shutterstock

p.248 Rawpixel.com/Shutterstock

p.257 Marchello74/Shutterstock

p.265 Stanislaw Mikulski/Shutterstock

p.272 Chainarong06/Shutterstock

p.274 Alastair Wallace / Shutterstock

p.278 G-stockstudio/Shutterstock

p.285 Chris McAndrew

◆著者◆

マイク・ヴァイキング(Meik Wiking)

デンマーク・コペンハーゲンにあるシンクタンク「ハピネス・リサーチ研究所 Happiness Research Institute」CEO。ビジネスと政治学の分野で学位をもち、過去にデンマーク外務省などでの勤務経験がある。「世界一幸福な国」と称されるデンマーク特有の、"心地よさ"を表現する言葉「ヒュッゲ」をテーマに綴った、『ヒュッゲ 365日「シンプルな幸せ」のつくり方』(三笠書房)が、全世界で大ベストセラーに。本作では、さらなる「幸せのしくみ」を追究すべく、世界中のデータを集め、「個人の幸せを左右する6つの要素」をまとめ上げた。今も、何が人々に健康と豊かさをもたらすかについて研究をつづけている。
https://www.happinessresearchinstitute.com

◆訳者◆

アーヴィン香苗(Kanae Ervin)

翻訳家。長野県生まれ。神田外語大学外国語学部英米語学科卒。主な訳書に『ヒュッゲ 365日「シンプルな幸せ」のつくり方』(三笠書房)、『はじめてのヒュッゲ』(あさ出版)、『ブラウンシュガーキッチン』(クロニクルブックスジャパン)、など。米オハイオ州在住。

◆編集協力◆

リリーフ・システムズ

謝　辞

─────

Kjartan Andsbjerg, Kirsten Frank, Cindie Unger,
Rannvá Pállson Joensen, Maria Risvig, Gabe Rudin, Marie Louise Dornoy,
Teis Rasmussen, Michael Mærsk-Møller, Marie Lundby, Lisa Magelund,
Morten Tromholt, Michael Birkjær, Johan Jansen, Felicia Öberg, Maria
Stahmer Humlum, Marie Lange Hansen, Lydia Kirchner, Jacob Fischer,
Vanessa Zaccaria, Isabella Arendt, Xavier Landes.
以上のみなさんに、ありがとう。

私のビジネスの信条は「自分より賢い人を雇うこと」。
その信条に合う人はもちろんたくさんいるけれど、
何よりここに挙げた人たちは、よりよい世界をつくろうという
意欲にあふれたすてきな人たちでもある。
本書の執筆とハピネス・リサーチ研究所をサポートしてくれた人たちに、
心からの感謝を申し上げます。

THE LITTLE BOOK OF LYKKE
by Meik Wiking

Original English language edition first published
by Penguin Books Ltd., London
Text copyright ©Meik Wiking, 2017
The author has asserted his moral rights
All rights reserved.
Japanese translation rights arranged with PENGUIN BOOKS LIMITED
through Japan UNI Agency, Inc., Tokyo

Designed by Hampton Associates

Quote from *The Two Towers* by J.R.R. Tolkien ©the Tolkien Estate Limited,
1954, 1955, 1966. Reprinted by permission of HarperCollins Publishers Ltd.

リュッケ　人生を豊かにする「6つの宝物」

2018年12月10日　第1刷発行
2022年1月25日　第2刷発行

著者	マイク・ヴァイキング
訳者	アーヴィン香苗
発行者	押鐘太陽
発行所	株式会社三笠書房
	〒102-0072 東京都千代田区飯田橋3-3-1
	電話 03-5226-5734(営業部) / 03-5226-5731(編集部)
	http://www.mikasashobo.co.jp
印刷	誠宏印刷
製本	若林製本工場
編集責任者	長澤義文

ISBN978-4-8379-5794-2　C0030
©Kanae Ervin, Printed in Japan

＊本書のコピー、スキャン、デジタル化等の無断複製は著作権法上での例外を除き禁じられています。
　本書を代行業者等の第三者に依頼してスキャンやデジタル化することは、たとえ個人や家庭内での
　利用であっても著作権法上認められておりません。
＊落丁・乱丁本は当社営業部宛にお送りください。お取替えいたします。